A cura empresarial

Lições de liderança para cuidar da saúde dos negócios

© 2016 Fred Alecrim

Qualquer parte desta publicação pode ser reproduzida, arquivada ou transmitida desde que não tenha objetivo comercial e seja citada a fonte.

Projeto gráfico   Danilo Medeiros

Revisão   Bethânia Lima
Beatriz Madruga

Bons Costumes
é um selo da Editora Jovens Escribas

Márcio Rodrigues Farias – Bibliotecário – CRB15/RN 0334

A366c	Alecrim, Fred.
	A cura empresarial / Fred Alecrim. - Natal(RN) : Jovens Escribas, 2016.
	168 p.
	ISBN 978-85-5564-025-4
	1. Administração – Serviços auxiliares. 2. Gestão. I. Título.
2016/02	CDD 658
	CDU 65.012.2

Fred Alecrim

A cura empresarial

Lições de liderança
para cuidar da saúde
dos negócios

Dedico este livro a:
Fabiana, companheira na jornada da vida.
#SouSeuFã #TriAmo

Renatinha e Bruninha, minhas vidas.
#triamo

Eurico, eterna fonte de exemplo e modelo de vida.

Chris, Bia e Graça.

Minha família, meus amigos queridos e meus Clientes fofos.

O ESPELHO
É A ÚNICA
JANELA
DA CASA
QUE NÃO
NOS MOSTRA
O LADO
DE FORA.
[JOHN MAEDA]

Agradecimento

OBRIGADO:)

É muito bom ter você nessa jornada. Obrigado por comprar esse livro ou, se ganhou de presente ou ainda pegou emprestado, também está valendo. Obrigado por dedicar seu tempo a essa leitura. Espero que, de verdade, o conteúdo te ins-pire a fazer as suas movimentações na direção da C.U.R.A.®

Se você não concordar com as ideias que compartilho aqui, mesmo assim continuaremos amigos, afinal, não existe uma verdade única, nem uma receita pronta que sirva para todas as empresas. Mas, se você pelo menos refletir sobre as ideias e exemplos contidos aqui, já fico feliz.

Valeu.

Porém, se você, assim como eu, não só acredita na C.U.R.A.® como está disposto a ser um agente catalisador desse movimento por um ambiente de negócio mais humano e com resultados sustentáveis, conte comigo!

Como você pode ajudar?
1. Colocando em prática o conhecimento adquirido com a leitura desse livro;
2. Compartilhando comigo os resultados da sua movimentação na direção da C.U.R.A.®;
3. Compartilhando com o mundo corporativo esses e outros conceitos que você já sabia e já praticava que levem ao sucesso na C.U.R.A.®.

Obrigado!

Escolha o seu jeito de continuar esse papo comigo:
Email: fredalecrim@fredalecrim.com.br
Podcast: soundcloud.com/fredalecrim
Youtube: youtube.com/fredalecrim
Facebook: facebook.com/fredalecrim
Linkedin: www.linkedin.com/in/fredalecrim

F R E D A L E C R I M
Ativador de Movimentos
#movimentogeramovimento #CURAempresarial

15 Prefácio - Camila Farani

19 Prefácio - Fernando Gameleira

23 Prefácio - João Kepler

27 Apresentação - Lucianna Araújo

33 Minha Causa, Minha Vida

47 Minha Direção

53 Faz Parte

61 Empresa M.O.R.T.A.®

85 A C.U.R.A.® Empresarial

135 Papel do Líder na C.U.R.A.®

147 A Causa

155 E Agora?

163 **Ins-pirações**

EU MEÇO
O MEU **SUCESSO**
PELA OPORTUNIDADE
QUE CONSIGO
GERAR PARA
OUTRAS PESSOAS
[MELANIE ARAÚJO]

Prefácio
Camila Farani

Algumas pessoas nascem definitivamente para inspirar. Para com coragem e afinco destinarem boa parte do seu tempo para tornarem a vida de outras pessoas melhores, mais produtivas e consequentemente mais felizes. Inspirar é muito mais do que dar exemplos ou compartilhar histórias e experiências, é ter consciência que através do seu trabalho, do seu propósito, você é capaz de impulsionar mudanças em pessoas que não conhece e que talvez nunca vá conhecer.

As histórias da vida real, de pessoas que tentam, erram, caem e se levantam acontecem a todo o momento e estão por aí prontas para serem descobertas, contadas. Mais do que isso. Pessoas dispostas a mudarem de rumo, de situação e prontas para alçarem voos maiores anseiam por conhecimento, por orientação. Seja através de uma palestra, de um livro, de uma conversa, inspiradores têm o poder e a responsabilidade de mostrar a vida e as infinitas possibilidades com um olhar diferente, com os olhos de quem enxerga não apenas os problemas, mas as soluções. Não apenas os fracassos e os medos, mas as pontes que podem (e devem) ser construídas para tornar sua "causa" o maior efeito da sua vida.

E o meu amigo Fred Alecrim faz parte deste seleto grupo de inspiradores que carregam na alma a sua verdade, e que fazem dos seus dias um eterno e estimulante aprendizado. Que tem o dom de falar, mas também de compreender, de dividir para somar. Ele foi e é pra mim uma fonte de inspiração há mais de 8 anos, e tenho certeza que você leitor terá novas ideias e vislumbrará nossas possibilidades ao final desta leitura.

Quando eu recebi o convite para escrever sobre este livro, cujo título é **A Cura Empresarial,** me senti feliz por poder fazer parte de alguma forma de um projeto que tem como principal objetivo fazer com que os leitores reflitam sobre a sua própria condição enquanto profissionais e entendam como a construção de ambientes estimulantes e equilibrados contribuem de forma decisiva para o sucesso ou fracasso de qualquer empreitada.

Este é o terceiro livro do Fred, que se propôs a apresentar e discutir situações que estimulam os leitores a buscar novos caminhos, perspectivas e, principalmente, a se movimentarem. Uso aqui a palavra movimentar em seu sentido mais literal, "ação e reação", que parte do princípio básico definido por Isaac Newton de que para toda interação, na forma de força, o resultado será uma força de mesma direção, intensidade e sentido oposto. O que isso significa saindo da Física e aplicando no nosso dia a dia? Que os resultados que você tem alcançado são exatamente proporcionais à sua dedicação e esforço.

Através de pesquisas empíricas, estudos e entrevistas, Fred pôde não apenas relatar, mas certificar-se de que suas teorias estavam corretas e foram esses resultados que deram embasamento para escrever as próximas páginas que você terá acesso. Por isso, aproveite, absorva e comece a ver sua empresa, negócio ou emprego de uma forma diferente, com os olhos de quem sabe que é capaz e responsável por definir seu próprio destino.

Mudar nem sempre é fácil, admitir que talvez seja necessário começar de novo ou redirecionar o negócio, menos ainda. O fato é que livros como este ajudam os leitores a identificar os problemas que possam estar passando e, mais ainda, ajudam a vislumbrar soluções para os mesmos, caminhos que outrora estavam difíceis de identificar sozinho.

Está em suas mãos decidir se seu dia a dia no trabalho será marcado por frustrações, arrependimentos e angústia. Você não precisa sair da cama todos os dias com a sensação de que tem feito tudo errado. Sentir-se esgotado, cansado e sem motivação para enfrentar o dia seguinte; esses são sintomas suficientes para você repensar o rumo que deu à sua vida até o momento.

Use a sua insatisfação como combustível para mudar e comece a construir um novo ambiente organizacional, perceba a força que uma conexão forte entre atitude e comportamento adequado influencia diretamente os resultados bem como toda a cultura de uma empresa.

Ser admirado e reconhecido por seu trabalho é de fato para poucos. Nem todos estão dispostos a pagar o preço e dedicar sua vida para compartilhar conhecimento e conteúdo relevante (mudando assim, consequentemente, a vida de outras pessoas). Nas próximas páginas, as ideias, conceitos e casos que ilustram e ajudam a contextualizar o que está sendo dito, vão te ajudar a compreender melhor o universo empresarial que o cerca e suas infinitas possibilidades.

Depende de você e o primeiro passo você já deu estando com este livro em mãos.

Bom aprendizado e boa leitura!

Camila Farani
Presidente
www.gaveaangels.org.br

Prefácio
Fernando Gameleira

Um dos maiores desafios de qualquer pessoa é ser coerente com a sua essência realizadora. Quando consegue expressar essa essência, naquilo que realmente faz sentido para a sua vida, os ganhos são consistentes, visíveis e recompensadores.

A grande questão é: como encontrar essa essência? Como dar sentido à vida no meio de tanta correria, pressão, competição desenfreada, expectativa de resultados?

A resposta está em cada linha do novo livro do Fred Alecrim, um profissional diferenciado, competente, criativo, humano, curioso e amigo, com quem tive o prazer de trabalhar em treinamento há mais de... deixa para lá essa parte para não denunciar a nossa vasta "experiência".

Por sermos profissionais das área de consultoria, treinamento e palestras, nem sempre temos a possiblidade de nos encontramos com a frequência que nossa admiração mútua merece. Porém, como somos também muito antenados e apaixonados por inovação e tecnologia, nunca perdemos o contato, desde que nos conhecemos. Acompanho o movimento de Fred nas mais diversas redes e mídias sociais, sempre com temas interessantes e que antecipam tendências.

Nosso último encontro foi no Rio de Janeiro, onde ele esteve para fazer mais uma de suas provocadoras palestras. Se muitos tiveram o prazer de admirá-lo falando para profissionais do segmento de beleza, eu tive o prazer de pegá-lo no aeroporto e levá-lo para um excelente papo em um bar da Lapa, região boêmia do Rio, onde pudemos relaxar e colocar o papo em dia.

O que mais me chamou a atenção foi que, no meio de tantas novidades pessoais e profissionais que conversamos, das inúmeras viagens que fizemos pelo Brasil e pelo mundo, Fred continuava exatamente a mesma pessoa que conheci e trabalhei. Para mim, ficou claro que todo o sucesso alcançado em sua carreira não mudou a sua essência. Falamos sobre os amigos em comum do nordeste, dos momentos que trabalhamos juntos e, claro, da família. Ele, sempre muito apaixonado e tiete da mulher e das filhas.

Ao ser convidado para fazer este prefácio e de ter a possiblidade de ler este livro antes da revisão final e do lançamento oficial, me deparo novamente com um Fred extremamente família, humano, que consegue, de forma surpreendente e brilhante, enxergar a semelhança entre uma doença pessoal e uma doença empresarial, novamente nos provocando a pensar sobre a forma como todos estamos conduzindo nossas vidas e nossos negócios. Os conceitos de morte e cura são habilmente trabalhados, provocando reflexão, comparação e até uma necessária angústia mobilizadora.

Porém, com a sua competência habitual, Fred consegue angustiar e provocar, mas também apontar caminhos e direcionar o leitor, sempre com o respaldo da sua rica experiência de vida.

Fico muito feliz em compartilhar esse novo capítulo da carreira do Fred, que escreve mais um livro para orientar, colaborar, ajudar e movimentar a vida de muitas pessoas.

E fico mais feliz ainda em perceber que, paradoxalmente, o Fred mudou tanto que continua exatamente igual: inteligente, íntegro e realizador.

Fernando Gameleira, palestrante, consultor nas área de marketing, inovação, startups e scaleups, instrutor, participou da implantação do Empretec na África do Sul e Índia. Atuou como conselheiro no programa Aprendiz – O Sócio.

Prefácio
João Kepler

Qual a sua razão para viver? Já parou para se perguntar o que realmente importa pra você, o que te motiva, que faz você seguir em frente mesmo quando tudo e todos parecem estar seguindo por outros caminhos?

Encontrar um propósito de vida não é uma tarefa fácil e me arrisco a dizer inclusive que nem todos conseguem. Muitas pessoas simplesmente existem e se privam de viver. O pior é que a grande maioria ainda faz isso de forma automática, sem ter noção do que estão abrindo mão.

Sem correr atrás dos seus sonhos, sem ao menos arriscar e se permitir experimentar o que de melhor a vida tem para oferecer.

Alguns podem argumentar e elencar uma série de dificuldades e empecilhos que os impediram de prosseguir e trilhar os caminhos que desejavam. Medo, falta de dinheiro, falta de oportunidade, e por aí vai. Porém, quem resolve encarar todas as dificuldades de frente nunca deixa de lutar, de acreditar, de buscar soluções ao invés de desculpas.

Neste livro, mais uma vez meu amigo Fred Alecrim aborda questões que incomodam pelo simples fato de propor reflexões que nos conduzem a uma viagem solitária dentro de nossos pensamentos mais íntimos.

Com a maestria dos que dominam a escrita e têm muito conteúdo a compartilhar, ele fala sobre a importância de termos "causas", ou seja, propósitos que resumem os por quês, a motivação, as escolhas e consequentemente as próprias renúncias a que todos somos submetidos quando tomamos decisões importantes.

Se vale a pena? O conceito de sucesso é muito particular e relativo, mas o que posso garantir e o que este livro nos mostra é que sem um propósito claro qualquer vida se torna vazia, "sem efeito". Afinal, quando não sabemos aonde ir qualquer caminho acaba servindo, mas, quando traçamos um objetivo, cada pedra no caminho, cada obstáculo vencido ganha sentido e dá forças para prosseguir.

Após ler este livro eu duvido que você leitor se permita em algum momento "viver no automático". Leia, reflita e questione. Mudar de opinião ou de rumo não é um sinal de falha ou erro, pelo contrário, demonstra maturidade, experiência e vontade de fazer com que as coisas funcionem. Como está sua vida profissional: sua empresa ou trabalho tem dado os resultados que você esperava?

Se não, o que você tem feito para mudar sua realidade e colher novos frutos do seu esforço e dedicação? Lembre-se que as mesmas ações sempre trarão os mesmos resultados.

Já tive o privilégio de dividir palcos várias vezes com o Fred em diferentes situações e locais e o seu sucesso como empresário, consultor, palestrante e escritor apenas ratifica seu compromisso que está perfeitamente alinhado com sua causa que é compartilhar experiências para somar, contribuir com o crescimento e desenvolvimento de empresas e negócios.

Quem sabe através da cura empresarial você encontre outras curas que te ajudem a encontrar o seu próprio caminho, aquele que te faz acordar todos os dias com a certeza de que você tem escrito páginas fundamentais que vão compor a melhor versão do livro da sua vida.

JOÃO KEPLER

Reconhecido como um pensador e conferencista sintonizado com Inovação e Convergência Digital do Brasil; Especialista em e-commerce, marketing, empreendedorismo e vendas; Investidor Anjo, líder do núcleo Nordeste da Anjos Do Brasil e do Gávea Angel; Participa em mais de 40 StarUps; Lead Partnet na Bossa Nova Investimentos; Fundador da Plataforma DealMatch; Cotista e Mentor nas Aceleradoras StartYouUp, 85Labs e @celeratech; Premiado como melhor Investidor Anjo do ano, no prêmio Spark Awards da Microsoft; Empreendedor Serial; Conselheiro da @GCSM Global Council of Sales Marketing; Colunista de diversos Portais no Brasil; Palestrante internacional; Escritor, autor e coautor dos Livros [O vendedor na Era Digital] e [Vendas & Atendimento], [Gigantes das Vendas] e [Educando Filhos para Empreender]; Premiado em 2013, 2014 e 2015 como um dos maiores Incentivadores do Ecossistema Empreendedor Brasileiro; Espalhador de Ideias Digitais e Melhores Práticas em Negócios.

Apresentação
Lucianna Araújo

A busca do ser humano em Ser Humano tem o seu tempo para acontecer em cada um de nós, mas ela vai acontecer e tem acontecido com mais velocidade. O reflexo dessa verdade no mundo empresarial são pessoas doentes física e emocionalmente por viverem em ambientes que desrespeitam nossa essência divina de amor e justiça. Estamos desenvolvendo um senso de valores que nos move ou nos estaciona.

Nessa era de constante mudanças, as empresas terão que despertar para essa mais nova realidade: as pessoas não só desejam, mas carecem de respeito e vínculo afetivo para produzirem mais, melhor e por mais tempo. O cliente deseja ser atendido por alguém que verdadeiramente se importe com ele. Entramos numa cadeia onde precisamos de boa gente inspirando gente boa para atender gente do bem.

E a busca pelos resultados? Pelos números? Pelo sucesso? Tudo isso pode e deve acontecer. A cobrança pelos resultados é justa e digna. As empresas precisam ter lucro no final do mês e a proposta é exatamente essa, criar um ambiente organizacional onde as pessoas trabalhem mais felizes e tragam mais lucratividade. Uma felicidade que não está ligada apenas às confraternizações das equipes ou campanhas motivacionais, mas a felicidade de se sentir respeitado e cuidado para superar os desafios diários que o nosso mundo dos negócios nos traz. Seria impossível desejar a ausência de conflitos, pois somos distendidos pelo mercado financeiro, pelos concorrentes, pela justa exigência de nossos clientes. Mas, quando trabalhamos em um ambiente harmônico, conseguimos lidar com mais facilidade, clareza e com a sensação de "tamujunto" dos que fazem parte do nosso time, tornando tudo mais leve e construtivo.

"Nosso cérebro é profundamente influenciado pela forma como somos tratados pelos outros. Quando somos tratados com respeito, nosso cérebro desperta e trabalha em seu nível máximo"
(Trecho do livro CURA Empresarial)

Nesse livro, Fred, com seu coração cheio de bondade e amor, uma cabeça cheia de sonhos e sua visão de um homem que viu muitas empresas ao redor do mundo ganharem e perderem por saberem ou não o valor das pessoas em seus negócios, nos convida à uma reflexão de como podemos tornar o ambiente empresarial mais humano, com mais respeito e consequentemente com resultados mais sustentáveis. Uma rica discussão do papel do líder como aquele que inspira e sustenta a atmosfera de generosidade e evolução. A CURA é uma deliciosa viagem interior com destino a um mundo organizacional produtivo e mais feliz.

Lucianna Araújo
Diretora Comercial da Potiguar Honda

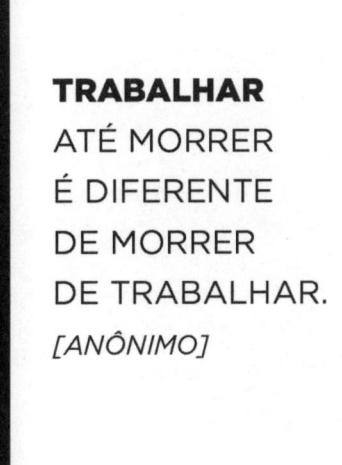

TRABALHAR
ATÉ MORRER
É DIFERENTE
DE MORRER
DE TRABALHAR.
[ANÔNIMO]

"Uma vida sem causa,
é uma vida sem efeito."
[Barbarella]

Minha Causa, Minha Vida

Esse livro, como tudo que procuro fazer em minha vida, surgiu a partir de uma causa que, para mim, é muito nobre e relevante. Acredito demais que quando partimos de um "por quê?" nobre, aumentamos e muito as chances de construir algo positivamente relevante e impactante em nossas vidas e de outras pessoas.

Esse **POR QUÊ?** é a razão pela qual você vai investir tempo e outros recursos necessários para fazer o que você precisa e quer. A frase, da série de ficção Barbarella, resume muito bem a importância de ter CAUSAS em nossas vidas. Uma vida sem causa se torna uma vida sem efeito algum; é a causa que nos fornece a razão e ao mesmo tempo nos abastece com a maior das energias, a força de vontade. Já falei sobre causa e força de vontade no meu segundo livro: *MovimentAÇÃO – Como afastar a mesmice e melhorar resultados*.

Aqui neste livro, também dediquei um espaço para falar sobre causa mais uma vez, pois acredito, ainda mais, que muitas coisas na vida de empresas e dos profissionais não são alcançadas também por falta de uma causa; e no caso dos profissionais e empresários, além de Causas nobres, por falta de conexão entre uma Causa nobre e relevante e o seu trabalho ou negócio.

Para escrever esse livro eu precisei partir de um **POR QUÊ?** que me abastecesse com essa energia poderosa da força de vontade. Energia esta que me deu a força necessária para escrever cada página desse livro, mesmo quando estava cansado, triste, doente etc. Era só lembrar da CAUSA pela qual o livro precisava existir que lá estava eu escrevendo pelo menos uma página por dia. Essa era a minha meta mínima diária.

O conteúdo dessas páginas é fruto de muito estudo, pesquisas empíricas, entrevistas e visitas técnicas a empresas aqui no Brasil e nos Estados Unidos, como também resultado de experiências feitas com esses conceitos em empresas de Clientes queridos que me permitiram implementar e testar essas ideias.

Coloquei aqui um compilado de conceitos e práticas que acredito muito, e outros desenvolvidos por mim a partir das minhas experiências como empresário, consultor e palestrante, como também da **ins-piração** das ideias de profissionais que são grandes referências para mim. Misturei tudo e transformei na C.U.R.A.® Empresarial; espero que você goste, pratique e compartilhe!

Uma grande ins-piração

Outra fonte de pesquisa, observação e super, hiper, mega, power, plus, **ins-piração**, foi a minha querida e amada Fabiana, com o seu inovador e incrível Hairsize®.

Fabiana, a partir também de uma causa super nobre e relevante, desenvolveu um método que ajuda os salões de beleza a reduzirem em até 60% os seus custos com a utilização de produtos. O Hairsize® diminui o desperdício, aumenta os lucros e melhora a qualidade de vida dos Clientes, dos profissionais de beleza dos salões, do dono do salão e ainda é sustentabilidade pura para o meio-ambiente. Fabiana teve a ideia do Hairsize® a partir de um problema que muito a incomodava.

Antes de prosseguir falando do Hairsize®, um pouco da história da Fabiana. Ela, com 13 anos perdeu a sua mãe, e logo após perdeu o seu pai. Com 15 anos assumiu a clínica de estética que sua mãe havia fundado. Durante muitos anos ela se dedicou, estudou e se desenvolveu muito como esteticista e empresária. Quando a conheci em 1994, ambos tínhamos 20 anos. Ela já tinha 7 anos de experiência no ramo da estética (começou trabalhando com a sua mãe aos 13 anos). Nos casamos 6 meses depois de termos nos conhecido. Aprendi e aprendo muito com ela, por isso que digo que além de amar muito minha mulher, eu também sou muito fã dela, tanto pessoalmente como profissionalmente.

Mas, vamos voltar ao Hairsize®, é que sempre me empolgo quando falo da Fabiana. Em 2002, ela abriu o Chic Coiffeur, seu primeiro salão que em pouco tempo se tornaria três. Com 3 salões de beleza e mais de 100 profissionais, alguns problemas que ela não tinha com a clínica de estética começaram a surgir. O ambiente do salão, diferentemente do mundo da estética, era de alta toxicidade, abrasividade e muita acidez em todos os sentidos. Manipulação de produtos químicos para fazer colorações e mechas, falta de padrão e normas técnicas que geram um alto índice de reclamação por parte de Clientes que não entendem alguns preços cobrados, e como eles mudam de profissional para profissional dentro de um mesmo salão. Além disso, toda pressão da indústria fornecedora do segmento para que o salão compre produtos, cada vez mais. Há ainda o componente conflitos entre profissionais, que era bem alto. Um ambiente assim não faz bem para ninguém, concorda? Por mais dinheiro que se faça (e no segmento da beleza se ganha muito dinheiro mesmo), a consequência em médio e longo prazo na vida das pessoas que ali trabalham não é nada boa. Estresse em alto nível, e imunidade baixa do corpo por tanto tempo de exposição a muita pressão e desequilíbrio, ocasionam, com frequência, desde gripes, alergias, gastrites, noites sem dormir até quadros mais graves como câncer, por exemplo.

Com esse cenário, Fabiana começou a procurar alternativas que tornassem a vida em um salão de beleza mais equilibrada e estimulante. O objetivo era resolver o o problema nos seus salões. Daí surgiu o método Hairsize® e os outros produtos maravilhosos, como o beleza de estoque, beleza de produtividade® e o gaste menos/ganhe mais, que acabaram melhorando a vida dela e que, hoje, ajudam muitos empresários e profissionais de salões de beleza em todo Brasil. Os depoimentos dos seus Clientes são maravilhosos de como as pessoas vivem melhor, têm mais dinheiro, são mais felizes, gastando menos e com mais qualidade em todos os sentidos nos seus salões.

Como você percebeu, Fabiana identificou que a sua CAUSA poderia ajudar muitos outros salões em Natal, onde moramos. Depois, percebeu que além de Natal havia vários salões de beleza em todo o Brasil onde donos e profissionais passavam pelos mesmos problemas. Aí, o negócio virou nacional e, com a ajuda do SEBRAE, instituição da qual eu e Fabiana somos fãs e que também possui uma causa nobre e relevante, o Hairsize® vem impactando positivamente a vida de um monte de gente, seus negócios e Clientes.

A história da minha mulher é muito **ins-piradora** para mim. Mas, toda essa preocupação e movimento com seu Hairsize® não foram suficientes para evitar que ela fosse vítima de uma câncer de mama contra o qual lutou e venceu com muita bravura, sendo exemplo mais uma vez em casa e para um monte de gente que passou ou está passando pelo mesmo que ela. No caso dela, todo o mal já tinha sido feito depois de tantos anos no meio de tanta toxicidade, acidez e abrasividade de um ambiente com poucas regras, normas e padrões; Ah, se ela tivesse criado o Hairsize® desde o começo. Como o câncer não é uma jornada solitária e todos que estão próximos acabam adoecendo um pouco também, nós lá em casa acompanhamos Fabiana em algo que ajudou demais no seu tratamento: uma mudança no seu estilo vida. Todos passamos a comer coisas mais saudáveis, praticar esporte regularmente e se afastar, sempre e quando possível, de pessoas tóxicas, cuidando mais também da nossa mente e da alma. Inclusive o Dr. Lavoisier Fragoso, grande médico que ajudou Fabiana no seu tratamento, ao ver que o tumor tinha desaparecido completamente disse a ela que agora ela tinha que descobrir o motivo daquela doença e se livrar dele, já que o exame não acusou herança genética. O estilo de vida é que tinha provocado a sua doença. Por isso a mudança no jeito de viver.

Durante o tratamento de Fabiana, para poder ajudar o máximo possível, li muito sobre a doença e como ter um organismo menos inflamado através de uma alimentação mais equilibrada. *Anticâncer* e *Barriga de Trigo* foram dois livros que me marcaram muito.

Percebi então que, assim como alguns tipos de alimentos são nocivos ao nosso organismo, obrigando nossas defesas a agirem para equilibrar as coisas lá dentro, as empresas funcionam do mesmo jeito. Ao invés dos alimentos, são os comportamentos nocivos que constroem ambientes tóxicos e desequilibrados. Quando o nosso organismo está brigando contra algo que não nos faz bem, isso pode comprometer a nossa imunidade e fazer com que fiquemos mais frágeis e a mercê de algumas doenças. Nas empresas, é muito parecido: quanto mais houver pessoas praticando comportamentos tóxicos, maior vai ser a inflamação do tecido organizacional. Isso quer dizer que as relações interpessoais serão muito mais conflituosas e a imunidade corporativa, ou seja, a capacidade da empresa de se proteger das ameaças do mercado diminuem; o negócio fica frágil e seus resultados se tornam ruins ou inconsistentes.

Refletindo

E aí, que tal uma paradinha para refletir um pouco?

1. Imagine a sua empresa ou o seu trabalho: qual o ambiente que existe lá?
2. Ir para o seu negócio é motivo de felicidade ou angústia?
3. Ir para o seu trabalho é motivo de prazer ou chateação?
4. Quando o seu dia de trabalho termina, como você se sente?
   a) Aliviado, muito cansado, esgotado, sem energia alguma e com muita vontade de não voltar amanhã?
   b) Realizado, animado, cansado, mas feliz?
5. Vale a pena sair de casa para trabalhar?

O ambiente organizacional tem muito, mas muito mesmo a ver com essas respostas, concorda? Estou falando do sentimento que é gerado na maior parte do tempo. Sei que há dias de felicidade e há dias de tristeza no trabalho, mas o que mais prevalece no seu negócio? Como você se sente mais comumente em relação ao seu trabalho? O que predomina? Como não há perfeição, o que vale é o sentimento mais dominante.

Eu comecei a falar sobre isso nas minhas palestras depois de algumas **ins-pirações**. Alguns livros que li e alguns casos que presenciei em empresas com as quais trabalho e trabalhei. Quando consegui identificar uma forte conexão entre a atitude e o comportamento das pessoas nas empresas e a cultura organizacional que era alimentada por esses comportamentos, decidi deixar o "snorkel" de lado, colocar o cilindro e mergulhar um pouco mais profundo no assunto.

A importância de diminuir a toxicidade e inflamação dos tecidos organizacionais e criar ambientes de negócio mais equilibrados e estimulantes é a provocação que faço e o movimento que quero ativar. Não só pensar sobre isso, mas também agir!

C.U.R.A.®?

Embora o título do livro fale em C.U.R.A.®, na verdade, assim como o câncer e algumas outras doenças, não há uma cura, pelo menos ainda. O que você pode fazer no ambiente corporativo é acompanhar de perto, medindo e controlando a toxicidade, acidez, inflamação, abrasividade e se movimentar para deixá-lo o mais equilibrado e vibrante possível. Assim, além de ser bom para o dono, investidor, empresário, sócios, vai ser bom para quem trabalha nessas empresas equilibradas e estimulantes e também para seus Clientes. É um movimento constante e perene na jornada da evolução.

Voltando à CAUSA desse livro

Depois de toda essa **ins-piração** em casa e também fora, percebi que a minha causa profissional também poderia ser a causa desse livro, afinal de contas muitos profissionais e empresários convivem com ambientes corporativos cruéis para a vida não só profissional, mas pessoal também.

E quando a CAUSA ficou clara e eu consegui conectá-la ao livro e ao meu trabalho, escrever passou a ser atender a um chamado, e não mais algo sem sentido.

A causa desse livro é:
"Ajudar empresas e profissionais a construírem um ambiente de negócios mais humano e com resultados sustentáveis."

Romantismo, será?
Você pode estar pensando, ao ler a CAUSA desse livro, que ela é romântica e que não tem a mínima chance de acontecer, pois no mundo real o bicho pega e aí é preciso ser duro e agressivo para conquistar seu espaço. Como alguns dizem por aí: é hard work, meu amigo. E além de ser trabalho duro é também necessário muito dirty work, ou seja trabalho sujo. Eu até concordo com o hard work, mas prefiro o "sharp work" ou seja o trabalho duro, mas de forma inteligente e precisa. Trabalhar

inteligentemente é cada vez mais importante para que os resultados sejam duradouros na sua carreira ou negócio. Não adianta trabalhar duro, sem direção, muito menos sem significado ou Causa nobre. O trabalho duro sempre vai ser necessário para realizar as coisas que queremos, mas mais importante vai ser o quanto usamos a energia do trabalho duro nas coisas certas e no momento certo. Só assim o trabalho duro, além de aumentar as chances de conseguirmos o que queremos, não vai prejudicar a nossa saúde, nem vida pessoal, nos impedindo de curtir nossas conquistas.

O mundo mudou, está mudando e vai mudar muito mais ainda, só que cada vez mais rápido. Hoje, as pessoas estão mais carentes, mais estressadas e por isso mesmo precisam trabalhar de forma mais inteligente e precisa. É necessário, também, agir para ajudar a construir um ambiente menos inflamado na sua carreira ou negócio. Se não se movimentar nessa direção, vai faltar saúde para celebrar e aproveitar os resultados, que por sinal, terão muito mais possibilidade de serem inconsistentes e irrelevantes.

Um caminho vital

O que mudou para que a preocupação com o ambiente corporativo seja, hoje, tão mais importante? Por que buscar o caminho da C.U.R.A.® empresarial? Pelo que vejo nas empresas e pelo que ouço dos profissionais do mercado, a C.U.R.A.® é vital não só para a sobrevivência do negócio, mas também para a sua contínua evolução.

É também vital para que todos que direta ou indiretamente trabalham ligados a uma empresa tenham mais produtividade com felicidade e qualidade de vida.

Durante os próximos capítulos continuarei tratando da forma mais simples possível principalmente do "por quê?" a C.U.R.A.® é tão importante para o futuro do seu negócio, o seu presente e para que você tenha futuro em sua vida.

A sua trilha para a C.U.R.A®.

Lembre-se que há muitos caminhos para o sucesso, mas primeiro você precisa definir o que é sucesso para você. Depois, é preciso abrir suas trilhas até o sucesso. Cuidado com as muitas fórmulas mágicas de sucesso que vendem por aí. Para o sucesso não existem trilhos, só trilhas. Cada um tem que abrir as suas próprias trilhas que podem ou não chegar até lá, porém a jornada deve nos fazer evoluir como pessoa e profissional para as próximas jornadas.

---

* Obrigado ao empresário e amigo George Ramalho pela sugestão da frase *minha causa, minha vida*.

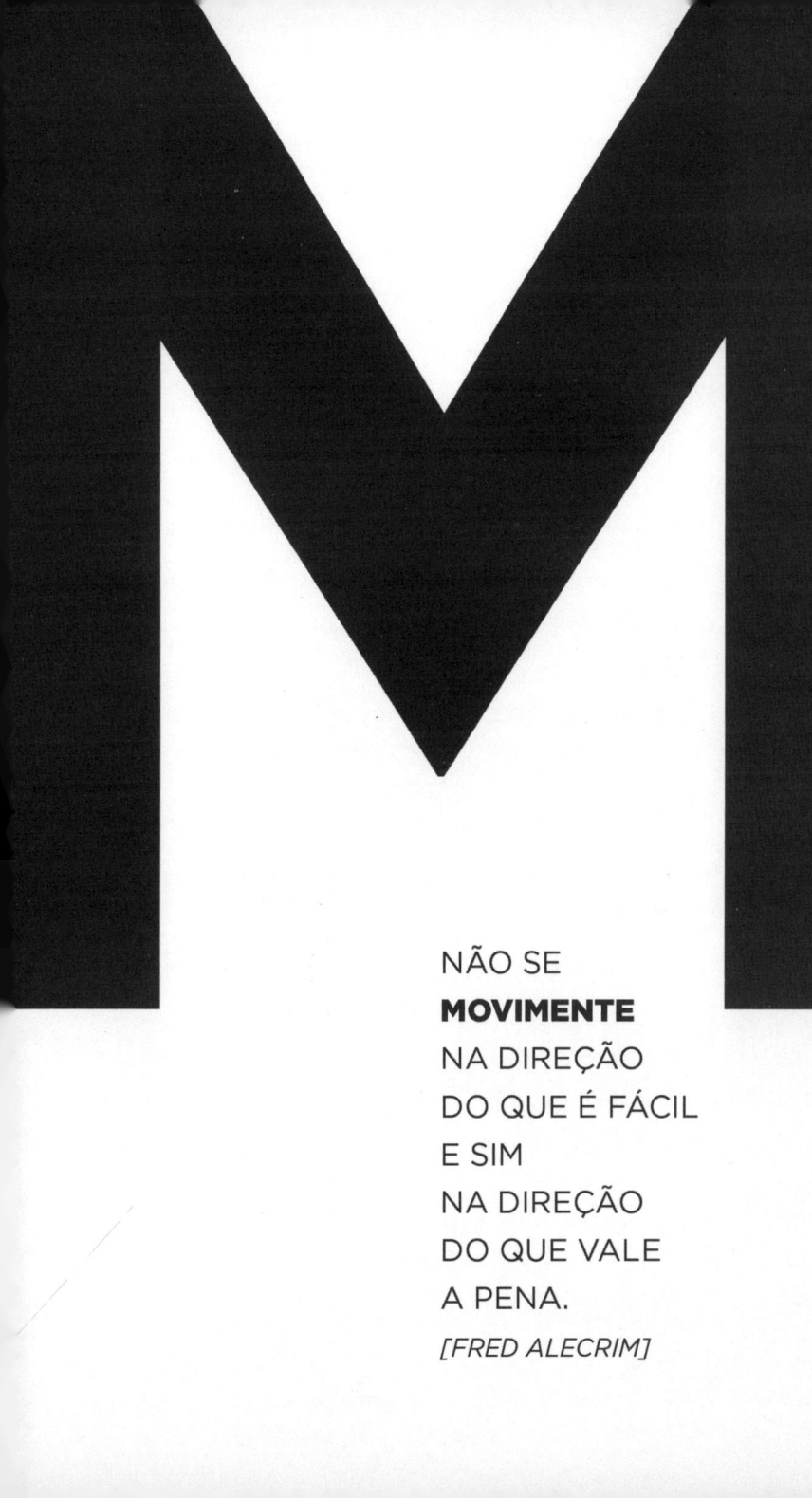

NÃO SE **MOVIMENTE** NA DIREÇÃO DO QUE É FÁCIL E SIM NA DIREÇÃO DO QUE VALE A PENA.
[FRED ALECRIM]

"O movimento acontece quando as pessoas estão inspiradas a se movimentarem. Para iniciar um movimento, o Líder precisar mostrar de forma clara a sua visão, a direção que devemos seguir e o que devemos construir."
[Simon Sinek]

Minha Direção

Agora que você já conhece a minha CAUSA (o por quê?) e a CAUSA desse livro, é importante falar um pouco sobre a minha visão (o quê), ou seja, o que eu quero abraçando essa CAUSA.

Minha Crença

Depois de muitos anos trabalhando, eu vi e também senti na pele o lado bom e o lado ruim do mundo dos negócios. Apesar de alguns momentos ruins que passei, continuo acreditando no empreendedorismo como o melhor caminho para o desenvolvimento econômico e sustentável do nosso país. Acredito também que o trabalho é um ótimo caminho para dar dignidade e uma vida melhor para as pessoas. O empreendedorismo e o trabalho mantêm as pessoas em movimento, e como movimento gera movimento, isso tem como consequências: desenvolvimento, evolução, melhoria de vida, sonhos realizados etc.

Sei que é até simples enxergar isso, mas não é nada fácil colocar em prática. Foram os momentos muito bons que passei e as pessoas maravilhosas que conheci que mantiveram a minha crença viva e forte. Empresários e profissionais que acreditam, assim como eu, que Gente é a coisa mais importante em qualquer negócio e que a forma como se trata alguém pode fazer toda a d!f3r3nç4 nos resultados. Ser justo e exiGENTE nunca foi tão importante. Foram os exemplos que vi nas empresas que tive e tenho, nas empresas que trabalhei, nas minhas consultorias, palestras e viagens que me fazem acreditar ainda mais nas pessoas e no seu potencial de criar um mundo de negócios cada vez melhor para todo mundo.

Gente que sente, entende, aprende, atende, empreende. Gente que mesmo quando é exiGENTE não deixa de ser simplesmente GENTE!. Gente que cuida, desenvolve, respeita, ajuda e **ins-pira**.

A Direção (O que eu vejo e quero com essa CAUSA).

A Direção tem muito a ver com onde devemos investir recursos preciosos como tempo, dinheiro e energia.

Todos os meus movimentos profissionais são na direção de ajudar a construir um ambiente de negócios mais humano, mais equilibrado e com mais pessoas tendo mais e melhores resultados. Menos empresas fechando as portas, funcionários mais produtivos e mais engajados nas empresas onde trabalham. Quero ativar movimentos que ajudem nessa transformação de pessoas, profissionais e negócios. Vejo um futuro onde o trabalho é mais prazeroso, menos estressante, mais humano, menos cruel, mais gratificante e menos danoso e ainda assim, rentável para todos.

Imagine você que é funcionário acordar de manhã e não sentir raiva nem frustração porque tem que ir trabalhar. Muito pelo contrário, ao acordar ter orgulho do seu trabalho e estar feliz por trabalhar onde você trabalha. Ao chegar na empresa encontrar um ambiente onde as pessoas se respeitam muito, se ajudam muito trabalhando em equipe e por isso mesmo conseguem, juntos, ser melhores e ir mais longe, produzindo mais e gerando mais e melhores resultados. Ter chefes que são verdadeiros líderes, justos, exiGENTEs que tratam com muito respeito quem contratam, dando condições de cada um ser melhor e de dar o seu melhor, com muita oportunidade, treinamento e aprendizado. Ser, de verdade, colocado em primeiro lugar na estratégia do negócio.

Imagine você empreendedor e empresário ser visto como parte importante do desenvolvimento econômico do nosso país e por isso mesmo ter incentivo para empreender e investir no seu negócio. Poder contratar e remunerar bem as pessoas. Ser um líder respeitado e admirado por seus funcionários.

Imagine você, fornecedor, sendo verdadeiramente um parceiro do seu Cliente e juntos construírem uma relação de negócio que vai além das transações e evolui para o respeito e cuidado genuíno um com o outro. Onde cada negociação não precisa ter um vencedor, muito menos um perdedor.

E aí, o que acha? Se acredita no que eu acredito, já estamos juntos. Se não acredita, que tal agirmos nessa direção e descobrimos juntos o caminho da C.U.R.A.®?

Tenho certeza que só a movimentação nessa direção vai nos tornar melhor, assim como o ambiente de negócios aqui no Brasil. A ideia não é de perfeição, mas de evolução e melhoria contínua.

AFASTE-SE
DAS PESSOAS
TÓXICAS,
ELAS SEMPRE
TÊM UM PROBLEMA
PARA CADA
SOLUÇÃO.
[ANÔNIMO]

"O maior perigo é quando a toxicidade, abrasividade, acidez e tudo mais que inflama os tecidos organizacionais, se transformam em uma coisa tão comum que nem são percebidas ou levadas em consideração, se tornando um novo normal corrosivo, cruel e perigoso dentro das empresas"
[Fred Alecrim]

Faz Parte

Arrisco dizer que em muitos casos não há uma busca pela C.U.R.A.® empresarial simplesmente por não se perceber a necessidade. Além de ser, em diversas situações, um mal invisível, muitas dessas coisas que inflamam os tecidos organizacionais, em negócios de todos os tamanhos, e que acabam inflamando também as pessoas que nelas trabalham ou que com elas convivem, são muitas vezes, além de invisíveis, tratadas como algo normal e até necessário para vencer no mundo corporativo; muitas vezes eu, ao comentar sobre o péssimo clima em algumas empresas ouvi e ainda ouço um sonoro, FAZ PARTE. Ou seja, fofocas, intrigas, excesso de trabalho, metas absurdas, exagero nas cobranças por resultado, falta de condições de trabalho e, principalmente desrespeito fazem parte do mundo empresarial e do ambiente corporativo como algo comum. Esse pensamento é parte do modelo mental de muitos líderes empresariais, mas por quê?

Há vários motivos, na minha opinião.

1. **O líder não conhece outro tipo de ambiente.** Ele cresceu dentro desse modelo mental e continua agindo da mesma forma que viu seus líderes agirem no passado. E é, no sentimento dele, mais fácil continuar seguindo esse padrão do que investir numa mudança de cultura. E aí há um grande problema, pois quanto mais tempo uma empresa mantém e até estimula a toxicidade do seu ambiente organizacional, mais difícil vai ser fazer a evolução no sentido da C.U.R.A.®

2. **Esse modelo de ambiente tóxico gera resultado.** Isso mesmo, os resultados existem, só que cada vez menos e a um custo cada vez maior. O problema acontece, principalmente, no médio longo prazo, mas a necessidade latente de resultado pra ontem faz com que muitos líderes, mesmo sabendo que não é o melhor caminho, optem por seguir sem cuidar do desequilíbrio no ambiente da empresa e na postura de seus colaboradores. E aí, são forçados em muitos momentos a se tornarem bombeiros apagando incêndios. Sem falar que passam a conviver com funcionários estressados, conflitos em todos os lugares da empresa, falta de colaboração, altos índices de rotatividade de pessoal, síndrome de **Burnout*** etc.

Depois de um tempo, o próprio líder se torna vítima de tudo isso que ele, pela forma como agiu, ajudou a criar e de tudo aquilo que ele, por omissão, não quis cuidar.

3. **É um ótimo esconderijo.** Isso mesmo, esses tipos de ambientes inflamados e tóxicos são ótimos esconderijos para pessoas incompetentes, despreparadas, fracas de cárater e mal intencionadas. Vejo isso em muitas empresas em todo o Brasil. Quando o profissional não tem capacidade, competência, nem as melhores intenções, a estratégia utilizada é aumentar a voz e ganhar no grito, na intimidação, criando um ambiente de tensão, medo e insegurança. Aqui o Líder deixa de ser líder e passa a ser capataz, chefe e muitas vezes até algoz, sufocando parceiros de trabalho, colaboradores, sócios e quem mais cruzar seu caminho. O ambiente fica carregado e as pessoas vivem com medo. Medo de ser demitido, medo de tomar uma bronca, medo de falar e ser repreendido, medo de errar e o maior medo, o de ser competente e parecer uma ameaça. Esse medo é paralisante, impedindo as pessoas de pensar, criar, falar e fazer.

---

* **Síndrome de Burnout** é um distúrbio psíquico de caráter depressivo, precedido de esgotamento físico e mental intenso, definido por Herbert J. Freudenberger como "(...) um estado de esgotamento físico e mental cuja causa está intimamente ligada à vida profissional". (Wikipedia)

Como você deve ter percebido, o desafio é mega, power, ultra, super, hiper, max, giga, grande, mas tenho certeza que é possível construir ambientes mais humanos e estimulantes nas empresas. E não estou falando de coisas como comprar uma mesa de sinuca, videogames; ou ainda iniciar uma "casual friday". Estou falando de ter como PRIORIDADE a construção, manutenção e evolução de um ambiente organizacional estimulante com muito mais respeito e aprendizado para todos e com todos.

Só colocando o cuidado com o ambiente organizacional como PRIORIDADE é possível construir empresas onde as pessoas encontrem mais do que trabalho, mais do que funcionários, mais do que chefes, mais do que relações transacionais, mais do que colegas de trabalho. E só em ambientes menos tóxicos se faz possível buscar e alcançar resultados sustentáveis para todos que fazem parte direta, ou indiretamente, do negócio.

> *"Benefícios feitos para que o funcionário fique mais tempo na empresa trabalhando, não é benefício, é um dano".*
>
> *[Jason Fried]*

Paul Meshanko em seu maravilhoso livro *The Respect Effect* coloca o Respeito como a base para a construção desse ambiente. Eu diria que esse é um grande passo para a C.U.R.A.®, ter um ambiente na empresa que seja respeitoso e respeitável.

Assim como a CAUSA e a força de vontade, o Respeito foi outra grande descoberta. Seus benefícios para profissionais, empresários e seus negócios são enormes e por isso mesmo estão aumentando muito as pesquisas e estudos sobre impactos e seus resultados em carreiras profissionais e nas empresas. Mais à frente, vou falar com um pouco mais de detalhes sobre cada um desses alicerces do ambiente corporativo em movimento de C.U.R.A.®.

Mas, antes de seguirmos em frente, que tal uma reflexão sobre o que você leu até agora?

1. Você concorda? Por quê?

_____
_____
_____

2. Não concorda, por quê?

_____
_____
_____

Está pronto para, inclusive, mudar de ideia? Pergunto isso porque para que o conteúdo desse livro seja útil a sua mente tem que estar aberta, pois só assim você pode ser tocado por uma palavra, um exemplo, algo que acenda a chama da mudança no seu coração e fortaleça a sua vontade de experimentar, mudar, evoluir e se movimentar para construir a C.U.R.A.® no seu negócio, no seu setor, na empresa onde trabalha, no mercado onde atua ou ainda em sua carreira.

Vamos, juntos, construir um ambiente de negócios mais humano e com resultados sustentáveis!!!

Empresas com menos interrupções, mais produtividade, melhores resultados, com menos injustiças e desrespeito, onde pessoas cuidam do negócio com um super sentimento de dono e também cuidam umas das outras com muita atenção e respeito. Negócios onde os donos perceberam que os resultados vêm das pessoas e que quanto melhor tratadas forem, melhor será para os resultados da empresa.

Para começar, que tal aceitar que a toxicidade excessiva e grande desquilíbrio no ambiente da empresa NÃO FAZ PARTE? Pelo menos não deveria. O segundo passo é se movimentar na direção da C.U.R.A.®. Cada movimento na direção de evoluir, mudando, transformando e melhorando o que impede as pessoas de trabalharem mais felizes na sua empresa.

DIZER NÃO
PARA CERTAS
COISAS
É DIZER **SIM**
PARA AS COISAS
CERTAS.
[FRED ALECRIM]

"A privação do sono é o novo cigarro. Dormir bem, não é negociável nem opcional, é a chave para uma vida mais produtiva, saudável e feliz"
[Arianna Huffington]

Empresa M.O.R.T.A.®

Empresas são feitas por gente e quanto melhor for esta gente, melhor será a empresa, isso é um fato. Porém, é interessante observar como muitas pessoas enxergam as organizações como algo que tem uma vida própria sem as pessoas e que, por isso mesmo, deixam de ver e agir, todos os dias, com foco no que é mais importante para o sucesso do negócio, cuidar de sua gente.

Boa parte dos nossos líderes empresariais dedicam pouco tempo de sua agenda no acompanhamento e desenvolvimento de sua equipe. Não é surpresa, então, o baixo índice de engajamento dos funcionários nas empresas onde trabalham. A falta de engajamento impacta diretamente na produtividade e nos resultados dos negócios. É quando o funcionário está engajado que a sua relação com a empresa onde trabalha evolui de transacional (ele trabalha apenas em troca do seu pagamento) para emocional (ele vê significado no que faz e seu trabalho é mais do que receber seu salário todo mês, há um vínculo emocional muito forte), onde a entrega e dedicação é muito maior, em todos os sentidos, pois há um forte sentimento de cumplicidade e conexão com o negócio e com as pessoas do negócio; assim, um maior compromisso com o sucesso da empresa e com as pessoas da empresa e ainda, uma relação direta entre o sucesso da marca e o seu próprio sucesso.

Mas, enquanto a empresa for mais importante do que as pessoas que fazem com que ela exista, cresça e evolua, mais comum será vermos essas empresas passando por dificuldades, altos e baixos cada vez mais constantes e muita, mas muita energia, além do necessário, sendo gasta, apenas, pra continuar existindo. Isso é muito pouco, concorda? Ninguém deveria abrir um negócio apenas para existir. Muitas vezes o negócio é fruto de um grande sonho, muitas vezes é uma herança da família, outras vezes foi um necessidade, mas seja qual for o caso, tanto quem abre um negócio, como quem trabalha nele deve esperar muito mais do que existir, deve querer crescer, ter resultados sustentáveis, fazer a diferença no mundo, melhorar a vida de outras pessoas e muitas outras coisas nobres pelas quais vai valer a pena acordar, todo dia, de manhã, feliz, para ir trabalhar. Só que para que isso se torne realidade, não basta sonhar, tem que se movimentar e muito, sem parar.

E não basta se movimentar, é preciso se movimentar na direção certa, com velocidade precisa e muita disciplina. Como falei no meu segundo livro, *MovimentAÇÃO*, movimento gera movimento. Pelo que vejo em uma boa parte das empresas aqui no Brasil, o problema de alguns é não se movimentar, de outros porém, não tem sido falta de movimento e sim a direção dos movimentos ou ainda a disciplina para manter a consistência do movimento. Afinal, não basta fazer a movimentação, tem que acertar na direção dos movimentos e ser consistente na entrega.

Empresa M.O.R.T.A®

Uma frase do filme *O Sexto Sentido* ficou famosa e até transformou-se em memes divertidíssimos. Se pararmos um pouco para analisar a frase "eu vejo gente morta" faz todo sentido no mundo empresarial, concorda? Tem muita gente que vai trabalhar sem uma Causa, sem ter encontrado um significado no seu trabalho. Tem muita empresa, por outro lado, onde os líderes não percebem essas pessoas, sem um significado no seu trabalho e as deixam a mercê da sorte. Ou ainda permitem que alguns, na convivência com pessoas tóxicas em um ambiente desequilibrado, acabem perdendo, além de suas esperanças, o brilho antes existente em seus olhos. O que acontece? Muitas delas acabam não se conectando com o trabalho como e o quanto deveriam e passam, por essa razão, a não ver sentido em nada do que fazem, nem do que lhe pedem. Esse profissional é gente sem vida que vai, facilmente, ser contaminado por influências externas e também internas e vai se tornar um agente de contágio da negatividade, da toxicidade e excesso de acidez no meio organizacional. Muita gente sem vida vai transformar o negócio em uma empresa M.O.R.T.A.®

Empresa M.O.R.T.A.® é um acróstico que criei para **M**eio **O**rganizacional que **R**espira **T**oxicidade e muita **A**cidez. Nesse tipo de ambiente é comum encontrar pessoas que chegam cheias de energia e pouco tempo depois já circulam pelos corredores como verdadeiros zumbis, sem esperança, sem energia, sem vida!

Zumbis

Tem uma história bem interessante e que retrata muito bem essa situação. Há uns 8 anos, mais ou menos, eu estava aplicando um workshop para líderes em uma empresa do varejo. Estávamos falando sobre pessoas que não se conectam com a Causa do negócio e que acabam consumindo muita energia do líder. O debate era como **ins-pirar** os membros da equipe a abraçarem a Causa do negócio e evoluírem de uma relação transacional para uma relação emocional com a empresa e o trabalho. Um dos líderes estava em um nível elevado de estresse, demonstrando muita impaciência com a equipe e descrença no ser humano. Ele contou que cuida pessoalmente do processo de acolhida em sua loja. E que depois de um momento falando sobre a cultura da empresa e o que se espera de cada um no trabalho, ele escolhe um membro de sua equipe para servir como anfitrião para apresentar a loja, a equipe e suas tarefas. Porém, depois de dar todo o gás em sua apresentação, soube que essa pessoa que ele escolhia como anfitrião da empresa falava para os novatos o seguinte: *Bom, agora que o chefe se foi, seja muito bem-vindo ao inferrrrrno.*

Isso mesmo, imagina aí, você novato, primeiro dia no novo trabalho, começa o dia super empolgado vendo um líder da empresa dando boas vindas, falando sobre a cultura do negócio e aí, quando ele vai embora, a pessoa que ele escolheu para cuidar de você é o "porteiro" do capeta. Nada bom hein! Esse funcionário é o Zumbi que estou falando. Por algum motivo ele não gosta do trabalho, da empresa e de estar ali. Ele se tornou um refém de suas frustrações e do seu trabalho, que, nem de longe, é o que sonhou para sí. Mas, o pior é que ele não se contenta em estar insatisfeito, ele age para deixar todos insatisfeitos, minando a energia, alegria e entusiasmo de quem quer e gosta de trabalhar. Esse Zumbi é um refém de sua toxicidade, escravo de sua acidez excessiva.

Além de não pedir para sair, é motivo da saída de ótimos profissionais da empresa. Esses profissionais precisam ser identificados e não podem permanecer na empresa. Como diria o Tony Hsieh, fundador da Zappos: "contrate devagar, demita rápido". Ficar com gente assim só piora a cada dia o meio ambiente organizacional que respira toxicidade e acidez. E em ambientes assim, nada de bom cresce nem se desenvolve.

O zumbi pode ser qualquer colaborador, como também pode ser um chefe ou até mesmo um diretor ou dono do negócio. Gente que não quer e não deveria estar ali querendo sugar a vida (energia e felicidade) de quem está ali porque quer e gosta.

Quando o Toni Hsieh fala em demitir rápido, é ser ágil, porém sempre tratando com dignidade as pessoas que, infelizmente, terão que ser demitidas. Mas, quando se trata do Líder ser um desses zumbis, o que acontece é que o profisisonal se demite da empresa que vai perdendo seus talentos pouco a pouco; muitas vezes por causa desse chefe imediato e não por causa da empresa.

Empresa e corpo humano

Em uma empresa M.O.R.T.A.®, é muito comum e fica fácil perceber certas consequências do meio na inflamação dos tecidos organizacionais que corroem as relações entre os seus profissionais como também do profissional com o negócio.

Quando comemos algo muito ácido ou tóxico ao organismo, há uma reação imediata de defesa para diminuir ou impedir a evolução de uma queimação ou intoxicação. Essa briga do organismo para, por exemplo, equilibrar o nosso PH (quando ingerimos algo muito ácido), pode provocar uma queda da nossa imunidade, nos deixando mais sucetíveis a doenças. É claro que o nosso organismo está preparado para se defender de alimentos ácidos; o problema é se você exagera na dose, seja por não ter uma alimentação equilibrada, seja por exagerar na dose em algum dia.

Você percebeu que em uma organização funciona do mesmo jeito? Isso mesmo, só que ao invés do alimento, são nossos comportamentos, atitudes e tipo de ambiente de trabalho que nos são nocivos.

Quando passa do limite

Uma das consequências mais comuns desses ambientes tóxicos é conhecida como síndrome de *Burnout**. Ela

---

* **A síndrome de Burnout** (do inglês to *burn out*, queimar por completo), também chamada de síndrome do esgotamento profissional, foi assim denominada pelo psicanalista nova-iorquino Freudenberger, após constatá-la em si mesmo, no início dos anos 1970. (Wikipedia).

A dedicação exagerada à atividade profissional é uma característica marcante de Burnout, mas não a única. O desejo de ser o melhor e sempre demonstrar alto grau de desempenho é outra fase importante da síndrome: o portador de Burnout mede a auto-estima pela capacidade de realização e sucesso profissional. O que tem início com satisfação e prazer termina quando esse desempenho não é reconhecido. Nesse estágio, a necessidade de se afirmar e o desejo de realização profissional se transformam em obstinação e compulsão[1] ; o paciente nesta busca sofre, além de problemas de ordem psicológica, forte desgaste físico, gerando fadiga e exaustão.

acontece quando há, constantemente, trabalho em excesso e dedicação extrema ao trabalho, sem nenhum tipo de pausa para um relaxamento físico e mental. Cobranças exageradas e desumanas, ambiente e condições de trabalho inadequados também ajudam a provocar o surgimento da síndrome.

Conviver constantemente com a ansiedade e o estresse também contribui e muito com a toxicidade do ambiente do negócio e aumenta as chances da síndrome de Burnout aparecer. É muito comum ver como as pessoas estão cada vez mais ansiosas e estressadas no trabalho e com o trabalho, por exemplo quando na empresa o principal meio de comunicação são as mensagem instântaneas de texto, através de meios digitais como o whatsapp e telegram. Quanta ansiedade e estresse são gerados nas pessoas por se concentrarem em seus aparelhos celulares aguardando uma mensagem ou respostas importantes, a qualquer momento, e ainda poderem ser chamadas atenção, caso não vejam essa mensagem, ou se sentirem desinformadas por não terem visto um determinado comunicado, por exemplo?

Já percebeu o mal que isso gera? Empresas que criam essa cultura e exageram no uso dos meios digitais como ferramenta principal de comunicação interna, por exemplo, direcionam quase que 100% da atenção da equipe para o celular e não para o trabalho. Além disso, o excesso de mensagens nos grupos e listas de transmissão e o medo de não conseguir acompanhá-las geram ansiedade, estresse e muitas interrupções no trabalho durante todo o dia. A consequência de tanta ansiedade e estresse? Falta de atenção, fadiga mental, excesso de interrupção, queda na produtividade, insatisfação no trabalho e nos casos mais graves, síndrome de Burnout.

Outro fator importante, a busca pelo sucesso tem levado algumas pessoas ao extremo. Uma busca incansável onde os fins justificam os meios. Às vezes, essa busca começa não pela descoberta de uma causa, mas por influência de padrões que são propagados como receitas mágicas para o sucesso! Como verdadeiros mantras: coisas como você-tem-que-ter-isso, e para-ter-isso, você-precisa-fazer-isso, não aceite ser menos do que 100%, fique milionário em 3 passos, busque o topo, etc.

Ao seguir esses padrões, as pessoas entram numa busca sem significado pessoal algum, a jornada torna-se mais difícil, e a síndrome de Burnout surge como consequência.

Continuo acreditando que não existe fórmula mágica para o sucesso. Até porque o sucesso não é um destino único. O significado do sucesso deveria, na minha opinião, ser definido por cada um.

> *"A jornada para o sucesso*
> *é feita por trilhas, não por trilhos."*
> *[Fred Alecrim]*

Momento para reflexão

O que é sucesso para você? Você já parou para pensar nisso? A busca pela resposta vai fazer toda diferença na sua jornada, tanto em resultados quanto em qualidade. Lembrando que na jornada também não há um único caminho, por isso que muitas fórmulas vendidas por aí não são nada, além de um jeito de se fazer, mas que não garantem os resultados que você deseja. Algumas podem até aumentar as suas chances de chegar lá, porém a jornada para o sucesso é feita por trilhas, não por trilhos. Ou seja, o que é sucesso para um, não significa, necessariamente, sucesso para todos os outros. Pessoas de sucesso devem ser admiradas e podem servir como exemplo e inspiração, mas não quer dizer que se fizermos tudo o que elas fizeram, teremos sucesso. Mas, tudo depende do que é sucesso para você. Ao responder a essa pergunta, tente se livrar dos padrões que está acostumado a ver e ouvir. Busque, no seu interior, o que te deixa feliz e realizado. Saiba que ter um negócio não é nada fácil, ter um negócio de sucesso, muito menos. Para ser um profissional de sucesso vale a mesma coisa: não é fácil, não mesmo! Para o negócio crescer ou sua carreira crescer, você precisa crescer primeiro. Um sinônimo dessa maturidade é quando você passa a buscar o que você quer de verdade, o que te faz bem, o que te realiza e quando o seu negócio passa a ter identidade e você também. Aí você encontrou o seu significado de sucesso.

Escreva abaixo:

Quais coisas que, quando faço, me deixam feliz e me fazem sentir realizado?

_____

_____

_____

Quais as coisas que, quando faço, me sinto estressado, frustrado e triste?

_____

_____

_____

Sucesso para mim é:

_____

_____

_____

 Por que essa reflexão é importante? Se você vai se esforçar muito em busca de algo, então que seja algo que no final de tudo, tendo conseguido ou não, você se sinta feliz, algo que valha realmente a pena para você. Trabalhar por algo que não se deseja de verdade gera muito mais frustração do que parece. Muitos zumbis surgem dessa busca por algo que não quer ou, por nem saber o por que se levantam todos os dias para ir trabalhar. Outros por consumirem receitas mágicas em excesso em busca de algo grandioso, como ficar milionário. Aí, começamos a ver e ouvir um monte de gente repetindo as mesmas palavras e tentando desenvolver os mesmos hábitos de alguém buscando um sucesso que ela nem sabe o que é e um futuro que ela nem sabe se quer.

O zumbi não tem identidade, não tem coração batendo, nem alma para fazer as coisas com carinho, atenção, respeito e qualidade. Não consegue colocar um mínimo de tempero seu no que faz. Por não terem uma essência verdadeira, cansam logo dessa busca nada fácil pelo sucesso e viram mortos vivos. Zumbis são amargos e odeiam gente feliz. Sucesso então, nem se fala. Um dos seu esportes preferidos é destruir a imagem de alguém encontrando algo que o condene ou que mostre que o que ele fez ou faz, não é nada demais. Chegam a um momento que usam a maior parte do seu tempo e energia com a vida dos outros e muito menos com a sua própria vida e assim, serão sempre zumbis e reféns dessa vida.

"Qual a sua responsabilidade
na desordem da qual você se queixa"
[Freud]

Sentindo na Pele

Eu senti isso na pele. Por 4 anos trabalhei como executivo em uma empresa. Eu era diretor de marketing. Durante esse período foram vários os sinais de que eu não estava feliz e que aquele trabalho não me fazia bem, mas mesmo assim fui ficando porque queria muito ser um executivo bem sucedido. Mas será que eu queria mesmo? Na verdade, não era bem aquilo que eu queria para mim. Mas, só fui descobrir isso depois de uma labirintite que me deixou 5 dias numa cama com tudo girando ao meu redor. Aquele foi o aviso final; antes veio a dermatite e mudanças no humor. Não preciso nem falar o quanto o ambiente era tóxico. Entendi esse sinal e pedi a minha demissão para retomar a minha carreira como empresário, consultor e palestrante.

Três meses após a minha saída eu já me sentia muito melhor e até meus amigos e conhecidos, diziam: Fred, como você está bem! Aquele cara alegre e divertido voltou. É claro que ao ouvir isso, percebi que não estava enxergando o quanto aquele emprego estava me fazendo mal.

O esgotamento também acontece quando você vive de um jeito que fere seus valores, o que você acredita e dá valor. E não é nada inteligente ignorar o excesso de estresse no dia a dia, a perda de autocontrole constante e doenças. A sua saúde mental e física são prejudicadas e quanto mais tempo você conviver com isso, mais difícil vai ficar, chegando inclusive a prejudicar sua produtividade e seus relacionamentos no trabalho e fora dele. Pensa aí um pouquinho e escreve abaixo:

1. Quais são seus valores (o que você dá valor, o que é valioso para você)?

_____

_____

a) A sua empresa tem esses mesmos valores? As pessoas que nela trabalham vivem de acordo com esses valores? (Empresário, Empreendedor)

b) A empresa onde você trabalha tem os mesmos valores que você? (Profissional, executivo, colaborador)

Se a resposta da letra "a" for sim, para você que é empresário, em relação a pergunta "1" parabéns! Se a resposta da letra "b", para você que é profissional, executivo ou colaborador em alguma empresa, em relação a pergunta "1" também for sim, parabéns! Agora é continuar se movimentando para deixar esse valores cada vez mais fortes na sua vida. Se a resposta for não, o que você pode fazer para mudar, evoluir, melhorar e ter uma vida melhor? Precisa mudar seus hábitos e comportamentos? Precisa mudar de empresa? Precisa repactuar os valores com seus líderes e equipe e ser mais exemplo desses valores na sua empresa?

Identificando uma empresa M.O.R.T.A®

Na empresa M.O.R.T.A®, há muita toxicidade no ambiente. Para saber se a sua empresa está ou pode se tornar uma empresa M.O.R.T.A®, observe alguns sintomas:

1. **A comunicação é um problema:** Quando o ambiente está muito tóxico, a comunicação falha e atrapalha mais do que ajuda. As pessoas falam mais de alguém do que para alguém. E quando falam para alguém, não se importam com o jeito de falar e o momento de falar. Em reuniões, as pessoas entram mudas e saem caladas. Não falam o que pensam, muito menos dão sugestão de melhorias. Há muita fofoca e disse me disse. As pessoas não sabem o que está acontecendo e quando "descobrem" não é por um canal oficial da empresa. Ou seja, uma das ferramentas mais importantes para uma empresa prosperar, que é a comunicação, passa a ser um problema, ou porque não há comunicação ou porque a comunicação é falha. E quando a comunicação se torna um problema, todos saem perdendo. Muitas regras não são claras e algumas nem estão definidas. E em tempos de avanços na

tecnologia, alguns se aproveitam e terceirizam toda a comunicação e ao invés de estar presente, sempre que possível, só mandam mensagens via aplicativos tipo Whatsapp, facebook, messenger ou até mesmo por e-mails. Esse movimento acaba afastando ainda mais as pessoas, gerando mais estresse e ansiedade, prejudicando a satisfação das pessoas no trabalho e com o trabalho, a produtividade e os resultados de cada um e do negócio.

2. **Indisciplina:** Em ambientes desequilibrados, processos e procedimentos não são seguidos e como o clima não é bom, há muito conflito e medo. É comum ver pessoas desrespeitando as regras, fazendo do seu jeito e não como foi combinado. A hierarquia, de verdade, só existe no papel.

3. **Liderança tóxica:** Alguns líderes só se preocupam consigo mesmos e suas carreiras na empresa. As mensagens que eles passam são contraditórias. O que falam e fazem inflamam, ao invés de **ins-pirar**, acalmar, direcionar e unir. Essa liderança usa e abusa do seu poder para oprimir, meter medo, gerar insegurança, deixar claro quem manda. Praticam muito o apadrinhamento, favorecendo seus bajuladores e às vezes até comprando alguns seguidores com presentes.

4. **Alto índice de insatisfação:** As pessoas trabalham desmotivadas, o engajamento é muito baixo, a produtividade também. Com isso a qualidade do que fazem cai e

compromete muito os resultados. A perda de talentos é algo muito comum, já que não conseguem ser atrativas para gente boa e competente.

5. **Ambiente ruim:** Há muita negatividade, pessimismo e descrença por parte das equipes. As reuniões se tornam canais de pura cobrança, sem nenhum direcionamento, as relações são frágeis, superficiais e muitas vezes conflituosas. O trabalho em equipe é algo raro porque as pessoas sentem-se ameaçadas umas pelas outras.

Além desses 5 pontos é possível perceber o desequilíbrio no ambiente observando algumas atitudes e comportamentos recorrentes praticados por quem trabalha na empresa. Em seu ótimo livro *Connection Culture*, Michael Lee Stallard apresenta uma relação dessas atitudes e comportamentos que são sintomas de um ambiente empresarial tóxico e que podem ser sinais de que a empresa está M.O.R.T.A®:

- As pessoas vivem reclamando de tudo e de todos;
- Muita gente irritada e hostilidade entre as pessoas;
- Impaciência e perda do autocontrole;
- Desconfiança;
- Falta de auto-responsabilidade fazendo com que as pessoas apontem outros como culpados sempre;
- As pessoas não se cumprimentam.

Adiciono esses pontos:
- Pouco ou nenhum trabalho em equipe;
- Dificuldade em alcançar os resultados;
- Dificuldade em manter a consistência dos bons resultados;
- Falta de vínculo emocional do funcionário com a empresa;
- Microgerenciamento excessivo;
- Baixa produtividade;
- Profissionais sem brilho no olho;
- Ausência de respeito nos relacionamentos.

E aí, a sua empresa passou no teste? Você, passou no teste? É claro que alguns desses comportamentos, atitudes e situações acontecem em todas as empresas, mas a questão, como já falei, não é a perfeição e sim um controle do nível de toxicidade do ambiente empresarial a um ponto que não prejudique, mais do que deveria, a alegria de se trabalhar na empresa, a produtividade, o engajamento e consequentemente, os resultados.

Ilhas x continentes

Já temos em nosso país uma forte polarização que só aumentou nos últimos anos. Direita *versus* esquerda, ricos *versus* pobres, por exemplo. Nas empresas, muitas vezes de um lado estão os funcionários pensando que todo chefe é sacana e que nenhum dono de negócio ou chefe presta e que só são tratados como um número. Do outro lado estão os donos e chefes pensando que nenhum funcionário presta, que são todos sacanas e que não servem para nada. Imagina esse já polarizado sentimento sendo ainda mais inflamado por um ambiente tóxico onde reina o desconhecimento sobre os outros e a abrasividade da falta de respeito nas relações? Como falar em melhores resultados sem uma integração verdadeira, seja através de uma causa em comum, seja através de respeito mútuo? Difícil, concorda? A empresa M.O.R.T.A® é assim e, por isso, coisas como não ser tratado com carinho e atenção no dia a dia pelas pessoas, principalmente os líderes do negócio, faz com que os resultados fiquem cada vez mais inconsistentes e, em tempos de crise, a empresa e sua equipe sofram ainda mais.

Vejo, nas empresas, cada vez mais ilhas e menos continentes. Muitas vezes isso acontece por causa do Líder tóxico que desquilibra a equipe e divide-a em várias. Como assim? Para mim uma empresa deveria ter uma equipe só, por isso deveríamos ter apenas o singular dessa palavra nos negócios. Deveria ser a equipe da empresa e não as equipes. Todos, como um continente, abraçando a CAUSA do negócio e remando, com muita intensidade, na mesma direção e com alto grau de engajamento. Quando vemos o desenho de uma empresa através de seus organogramas, já vemos divisão na essência. Além de já estarem divididos em departamentos, setores, áreas etc, os funcionários são, muitas vezes, estimulados a brigarem entre si. Isso mesmo, o às vezes, invisível, fogo amigo. Nos eventos, o discurso é que somos uma coisa só, estamos todos no mesmo barco e que formamos um mesmo time. Mas, na prática não é isso que vejo por aí. Quando a reunião acaba, é cada um por si, defendendo o seu setor, seu nome, sua carreira. Por que isso? Bom, como é feito o reconhecimento e as premiações na maioria das empresas? Quem vende mais é o melhor, quem cumpre o orçamento é mais valioso. Há quadros mostrando os resultados como em uma verdadeira corrida onde cada um busca melhorar seus KPI's. Porém, alguns desses indicadores de perfomance forçam a equipe a funcionar como equipes e muitas vezes, como em vendas, em EUquipe. São mensagens contraditórias enviadas pelos Líderes dessas empresas. Na cabeça das pessoas fica uma dúvida enorme. Devo me integrar aos demais, algumas vezes sacrificar meus resultados pelo bem dos resultados da empresa? E se eu fizer isso? O outro será elogiado em uma reunião e eu serei massacrado pelo chefe, na frente de todos, e ainda servirei como mal exemplo a não ser seguido e ninguém se lembrará o que fiz para o bem daquele que está sendo elogiado e para o bem dos resultados gerais da empresa?

Situações como essas são muito mais comuns do que se pode imaginar e só ajudam a formar ilhas ao invés de um continente. Com o tempo, as pessoas deixam de pensar no todo e passam a pensar apenas nas partes e na maioria das vezes na sua parte, na sua sobrevivência, nos resultados do seu setor, do seu departamento, da sua área e, no último estágio de retrocesso, apenas conseguem pensar nelas mesmas. Não há nada pior do que todos os dias, além de ter que "combater" os concorrentes da empresa, o que já é muito desafiante, ainda ter que lutar contra forças dentro da empresa que impedem que o trabalho seja feito e que os resultados sejam os melhores possíveis. Esse tipo de situação é um verdadeiro aspirador de energia que ao invés de ser concentrada para **inspirar** Clientes e ganhar a preferência e recomendação deles, está sendo dissipada, pois internamente há processos e pessoas que atrapalham.

No próximo capítulo vou falar sobre por que é importante e necessário deixar o ambiente da sua empresa o mais equilibrado possível. E aí, vamos desintoxicar e equilibrar o mundo dos negócios?

---

* Obrigado ao Doutor João Paulo Maia, Psiquiatra, pelos artigos e estudos sobre Burnout que me enviou, foram muito importantes para o livro e para esse capítulo especificamente. Obrigado também à querida nutricionista Adriana Gurgel pela maravilhosa dieta e seus ensinamentos sobre alimentação saudável e equilibrada.

NÓS TEMOS
MUITA FICÇÃO
CIENTÍFICA.
NÓS DEVERÍAMOS
ESCREVER
FICÇÃO SOCIAL.
IMAGINAR
O MUNDO QUE
QUEREMOS
E DEPOIS
CONSTRUÍ-LO.
[MUHAMMAD YUNUS]

"Não perca mais nenhum minuto com pessoas tóxicas que consomem e sugam a sua energia, elas também inflamam seus tecidos, cegam sua visão, minam sua crença e comprometem a sua produtividade."
[Fred Alecrim]

A C.U.R.A.® Empresarial

Se você chegou até aqui é porque está gostando da leitura e também acredita, assim como eu, que o mundo de negócios pode ser menos insalubre e ainda assim gerar ótimos resultados. Ou então, não concorda, me acha romântico demais, mas quer saber para onde essas ideias irão evoluir. Seja qual for o motivo, que bom que você continua aqui. Caso você esteja descrente, ainda tenho esperança, até o final dessa leitura, de te **ins-pirar** a abraçar essa CAUSA junto comigo e muitos empresários, funcionários e profissionais liberais que conheço e que, não só acreditam na C..U.R.A.® empresarial, como praticam comportamentos que ajudam na transformação do ambiente de negócios em algo mais estimulante e equilibrado para todos que com ele convivem.

Não é novidade

O estudo da toxicidade na vida profissional não é novidade, existe uma vasta bibliografia sobre o assunto. Autores como Simon Sinek e Paul Meshanko dedicaram vários capítulos de seus livros falando de coisas relacionadas ao tema. Se formos incluir os livros que falam sobre ambiente e cultura organizacional, engajamento e ainda os artigos científicos e matérias em revistas e sites, temos uma enorme quantidade.

O que percebo é que, embora haja uma miríade de livros e artigos sobre esse tema tão importante e tão oportuno de agora em diante, tendo em vista como está o mundo e para onde ele está indo, pouco é feito nas empresas para tratar esse mal. A C.U.R.A.® empresarial precisa fazer parte da estratégia de qualquer negócio que queira fazer a **d!f3r3nç4**, de verdade, na vida da sua comunidade servida (vizinhos e principalmente os Clientes) e de servir (Fornecedores e principalmente a Equipe). Só como parte da agenda estratégica das empresas temas como toxicidade, respeito, aprendizado, cultura, equilíbrio, terão o merecido papel de destaque e necessário investimento de recursos como tempo, pessoas e dinheiro.

Tratar uma empresa M.O.R.T.A.®, cheia de zumbis e reféns não é nada fácil. Mas, parece que quanto mais vamos evoluindo tecnologicamente, mais vamos involuindo em dois aspectos super importantes para termos melhores relacionamentos intra e interpessoais e consequentemente melhor ambiente de negócio:

1. Empatia
2. Autoconhecimento

Por mais conversas verdadeiras

> *"A conexão constante é muito mais um sintoma do que uma CURA"*
> [Sherry Turkle]

Em seu livro *Reclaiming Conversation*, Sherry Turkle apresenta dados bem impressionantes sobre o impacto da era digital na vida das pessoas. Ela fez muitas pesquisas e entrevistou muitas pessoas. A sua conclusão? A tecnologia está nos levando a algum lugar, porém esse lugar não parece ser tão bom quanto queríamos ou imaginávamos. Os nossos maravilhosos dispositivos tecnológicos como celulares, tablets e relógios inteligentes, não mudam só a nossa forma de fazer as coisas, como também provocam uma profunda transformação em nós mesmos.

Mas, onde está o problema nisso? A questão é que, ao substituir um abraço e um aperto de mão por uma mensagem de texto em uma dessas ferramentas ou ainda, durante reuniões, aulas e encontros, estarmos juntos, mas separados, pois a nossa atenção não está nas pessoas ali presentes, mas nas telas dos nossos dispositivos, estamos criando grandes problemas de relacionamento com os outros (por falta de empatia, por exemplo) e até com nós mesmos (por falta de reflexões que nos levem a um melhor autoconhecimento, o que dificulta a nossa evolução como pessoa e profissional).

Estamos nos tornando cada vez mais egoístas como consequência da falta de empatia. Só prestamos atenção ao que nos interessa, sem perceber o que o outro está falando, que pode até parecer não nos interessar, mas pode ser importante ao menos para quem está falando, por exemplo. Então, como forma de respeito deveríamos prestar atenção de verdade e deixar de, toda vez que estamos em uma reunião, aula ou encontro e alguém falar algo que achamos que não nos interessa, corrermos imediatamente para o mundo mágico por trás das telas dos nossos dispositivos. Esse movimento até nos traz um sentimento de satisfação, mas é um ganho volátil. Por outro lado perdemos o que o outro falou e que pode nos ser útil, como também deixamos de perceber e se preocupar com o "como" o outro está se sentindo. Isso nos afasta cada vez mais.

Agora imagine isso no dia a dia de uma empresa. Menos empatia entre pessoas com pouco autoconhecimento. O resultado? Empresa M.O.R.T.A.® onde os profissionais não conseguem se integrar uns com os outros, embora todos na empresa sejam e estejam sempre muito conectados, ligados na tecnologia e desligados uns dos outros.

Pessoas que se conhecem pouco são menos confiantes, desconhecem suas fraquezas e pontos fortes, logo, têm mais dificuldade em trabalhar os seus pontos a melhorar e destacar o pontos onde podem fazer a D!f3r3nç4 na empresa e em suas carreiras. Desta forma, acabam evitando cada vez mais os relacionamentos no mundo real, cara a cara. Essas pessoas também são mais sucetíveis a serem influenciados e contaminados pela toxicidade do ambiente e perderem a sua essência e seus valores. Essas pessoas correm um grande risco de se tornarem zumbis repetindo padrões, comportamentos e palavras de pessoas que acabam se tornando espécies de gurus, levando-as a ser o que não querem ou não podem e a perseguir o que não querem ou não podem. Aumenta assim a insegurança e com isso o distanciamento do mundo físico e de outras pessoas. Esses zumbis preferem terceirizar a comunicação utilizando exageradamente ferramentas como e-mails e mensagens de texto e deixando de lado os diálogos e conversas reais. Esse distanciamento gera queda de empatia, pois ao invés de se preocupar com o outro, está mais preocupado em se proteger do outro ou preocupado apenas consigo e quando as coisas não estão boas, é só correr para o mundo mágico das redes sociais ou mandar um e-mail frio e sem alma para se desculpar de um erro, por exemplo.

Com menos integração, há menos conhecimento um do outro e consequentemente menos empatia entre as pessoas na empresa. A questão não é deixar de usar a tecnologia, é apenas lembrar que tecnologia é meio e não fim e que se utilizada para o bem e com bom senso e equilíbrio, pode ser bastante saudável para o ambiente corporativo. A melhor forma de melhorar o lugar onde trabalhamos é nos conhecendo melhor e para isso, nada substitui uma boa conversa, momentos realmente juntos no refeitório da empresa, em reuniões onde todos participam e colaboram, ou ainda em um *happy hour* ou cafezinho. Momentos onde nos mostramos e permitimos que outros se mostrem, sem edição, sem ajustes, simplesmente nós mesmos. Viva as conversas reais!

Um passo importante para chegarmos às conversas reais é a conversa consigo mesmo, os momentos de reflexão, o olhar no espelho. Existe uma palavra para isso, a solitude, que é o querer estar só, por opção para pensar, conversar e estar em paz consigo mesmo, organizar as ideias como alguns dizem. Solitude é diferente de solidão. Enquanto solitude é um estado de privacidade de alguém, a solidão é essencialmente um estado emocional de alguém que gostaria de ter companhias verdadeiras mais não as tem.

> *"Sem momentos de Solitude*
> *é impossível realizar grandes trabalhos"*
> [Pablo Picasso]

A C.U.R.A.® para a empresa M.O.R.T.A.®

Um dos caminhos que pode ajudar e muito na melhoria do ambiente de negócio, e consequentemente a produtividade e os resultados, é a C.U.R.A.® Empresarial.

O que é a C.U.R.A.® então? Para mim é ter na empresa e no meio de negócios uma Cultura Única de Respeito e Aprendizado. A C.U.R.A.® Empresarial inclui movimentos contínuos para o aumento da imunidade corporativa contra o excesso de acidez e toxicidade tão comuns no meio profissional. São movimentos para aumentar as chances dos negócios e seus profissionais de serem mais produtivos, se sentirem mais realizados pessoal e profissionalmente, gerando mais e melhores resultados para todos. É estar sempre em movimento na direção da evolução e melhoria contínua das pessoas que na empresa trabalham. É pendência para toda vida, a vida toda, todos os dias. Não existe uma empresa CURADA, afinal não existem empresas perfeitas, por isso mesmo o movimento é dinâmico e infinito. Além disso, não é algo que se pode parar de tratar e depois voltar de onde parou. Assim como as doenças, se não tratarmos, elas se agravam e podem levar à morte.

Mas, o que pode ser feito para que a sua empresa tenha um ambiente menos tóxico onde as pessoas acordem felizes, na maior parte dos dias, para ir trabalhar? E chegando lá, possam continuar felizes e ainda serem mais integradas, engajadas e produtivas, na maior parte do dia, na maioria dos dias?

Não é fórmula, nem receita

Antes de seguir em frente, uma reflexão. A C.U.R.A.® Empresarial, assim como o sucesso, não é uma fórmula.

Não é trilho, é trilha; não é nadar numa piscina, é nadar contra a correnteza em um rio, ou seja, além de não ser fácil, não é estático, é dinâmico e isso quer dizer que vai exigir muito esforço para se movimentar na direção do que você quer e acredita. Por isso, ao ler esse livro, lembre-se que ele tem uma CAUSA e visão claras e definidas para mim. Se você acredita nessa CAUSA e na visão de um ambiente de negócios mais humano e com resultados sustentáveis, precisa se movimentar nessa direção, todos os dias. Além disso, é preciso **ins-pirar** mais pessoas a abraçarem essa CAUSA e se engajarem na realização dessa visão. Porém, o caminho que você vai seguir depende muito de você e do que você quer com tudo isso. Você vai precisar abrir suas trilhas. Embora nossa causa e visão sejam as mesmas, cada um faz do jeito que achar melhor baseado no que quer com seus movimentos.

O que sua empresa precisa hoje? Onde você quer chegar com esses movimentos? Os ambientes organizacionais estão sempre mudando, assim como as pessoas, logo, os resultados jamais serão os mesmos. A C.U.R.A.® é sua, sinta-se à vontade para fazer os movimentos que você quiser e achar que precisa. Faça do seu jeito, o que você acha que é melhor para a sua carreira ou seu negócio e para todos que dele fazem parte. Afinal, não há receitas nem muito menos fórmulas mágicas, concorda? Lembre-se que seja quais forem os seus movimentos, não basta querer. É necessária uma enorme disposição para trabalhar duro e inteligentemente e ainda muita disciplina e dedicação. E tudo isso apenas aumenta as chances de sucesso, não garante o sucesso dos seus movimentos.

Essa é a ideia

A minha humilde ideia é que coloquemos os assuntos aqui apresentados nas agendas empresariais, tanto dos líderes de negócio como dos profissionais que neles trabalham. Que conversemos mais sobre esses temas e que ajamos mais na direção de um mundo corporativo melhor para todos. Um mundo que não será perfeito, mas que será melhor, com certeza. O primeiro passo é abrir as conversas e é isso que proponho com esse livro. Vamos falar mais sobre isso? Com menos desculpas, menos reclamações e muito, muito mais ativismo, ação e exemplo em prol da C.U.R.A.®. Vamos colocar na pauta das reuniões? Vamos colocar como estratégia da marca? E que tal conversarmos mais sobre como melhorar o ambiente das empresas? E o ambiente de negócios? Vamos refletir mais sobre o tema? O que você pode fazer para melhorar o ambiente do seu setor? Na sua empresa? No seu mercado? O que você já faz? O que ainda pode ser feito? O que você precisa parar de fazer, pois está inflamando ao invés de equilibrar? O que você precisa desaprender para aprender? Parafraseando Freud, qual a sua responsabilidade na desordem da qual você se queixa?

A essência da C.U.R.A.

Promover, incentivar e praticar hábitos e comportamentos na direção da C.U.R.A.® deve ser responsabilidade de todos numa organização. Quando falo todos, quero dizer todos mesmos. Do fundador da empresa, sócios, executivos, gestores, supervisores e cada um que forma a equipe do negócio, sem distinção. Essa é uma conta para ser compartilhada, logo não pode ser colocada na responsabilidade de uma pessoa só, nem que ela seja o Líder, chefe ou dono do negócio. É claro que o Líder tem uma parcela muito importante de criar as condições para que o ambiente da empresa seja estimulante e equilibrado. Isso é uma parcela importante, mas não é tudo. Cabe a cada um que faz parte da empresa assumir a sua responsabilidade na construção e manutenção desse ambiente. E isso é feito a cada dia, a cada movimento, a cada comportamento.

O que tenho percebido é que há certas coisas que fazem com que empresas tenham um clima organizacional melhor do que outras, coisas grandes e pequenas que aumentam a imunidade do negócio, diminuem a toxicidade e acidez do meio, melhorando a satisfação e engajamento dos profissionais com o negócio e seus resultados. A consequência disso nessas empresas? Mais performance e produtividade. E, em tempos de crise, essas empresas ou sofrem menos ou não sofrem.

De todas as empresas que pesquisei e que conheci, destaquei quatro pontos que fazem a D1FER3NÇ4 na melhoria no ambiente do negócio. Destes quatro pontos, que vamos ver detalhadamente neste capítulo, criei o acróstico C.U.R.A.®. Se a sua empresa já pratica esses pontos, parabéns, agora é cuidar dos próximos passos para não perder o que você já construiu e continuar evoluindo. Se há pontos que você não tem ou precisa melhorar, após a leitura, já se reúna com a sua equipe e monte o seu D.V.D para iniciar o movimento de C.U.R.A.® empresarial. D.V.D é uma ferramenta que está no meu livro *MovimentAÇÃO*, para ajudar em planos de ação simples. D de direção (o que você vai fazer – ações e movimentos), V de velocidade (quem, quando – prazos) e

D de Disciplina (como vai ser feito, e comportamentos e hábitos que precisam ser mantidos, criados ou alterados). Vamos conhecer um pouco mais da C.U.R.A.® Empresarial ponto a ponto.

1. Cultura

O primeiro ponto é a Cultura organizacional. Empresas que fazem os movimentos na direção da C.U.R.A.® têm Cultura forte e adequada para a evolução do negócio e de seus profissionais.

No meu segundo livro MovimentAÇÃO, por um capítulo inteiro eu falei sobre Cultura. Antes de escrever este livro, eu dei uma lida no que tinha escrito e, quando o assunto é Cultura, continuo acreditando muito nas coisas que falei sobre o tema. Por isso mesmo começo este ponto com as mesmas palavras.

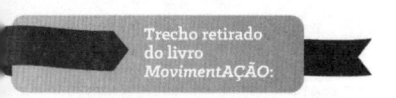

Trecho retirado do livro MovimentAÇÃO:

Sempre nos perguntamos quais as coisas mais importantes para cuidar em um negócio. As respostas são várias, certo?

Segundo Kip Tindell, fundador da *The Container Store*, tem uma coisa sim e ela chama-se Cultura. A Cultura de um negócio, segundo ele, é a coisa mais importante que os líderes da empresa têm que cuidar, cultivar e patrocinar. Por que isso? Porque a Cultura de um negócio é o próprio negócio, ou seja, é a Cultura da empresa que influencia como as pessoas são, agem e se comportam. Em uma das viagens que faço coordenando grupos de empresários brasileiros para conhecer a Disney, como negócio, vi e aprendi coisas bem bacanas sobre a importância da Cultura nas organizações.

A Cultura de um negócio não é o que se fala, mas o que se pratica nele. Não são palavras, são ações. A Cultura de um negócio é o conjunto de comportamentos que seus líderes e equipes repetem enquanto estão trabalhando. Esses comportamentos levam a empresa aos resultados. Que resultados? Depende dos comportamentos, ou seja, da Cultura. Afinal de contas, se Cultura é comportamento e comportamento é igual a resultados, logo Cultura é igual a resultados. E é por isso que temos que cuidar tanto da Cultura, pois é ela que vai ou não nos levar aos resultados que desejamos. Ser pontual, tratar bem as pessoas, se comunicar bem, cuidar do dinheiro para não gastar mais do que pode, falar a verdade etc.

Coisas que fazemos no dia a dia e que influenciam o ambiente organizacional e seus profissionais.

E aí, como está a Cultura do seu negócio? Quais comportamentos precisam ser mudados para que a Cultura melhore e os resultados idem? Quais comportamentos não são praticados, mas já deveriam estar sendo parte da cultura do seu negócio? E você como profissional? Quais comportamentos já fazem parte da sua Cultura, mas que por isso mesmo são empecilhos para que você transforme Clientes em fãs, melhore seus resultados e evolua como profissional?

Que tal começar agora? Um dica é pensar em 3 situações.

1. Quais comportamentos devo deixar de ter (você como profissional ou na sua empresa)?
2. Quais comportamentos devo continuar tendo?
3. Quais comportamentos devo passar a ter?

Para garantir uma ótima evolução, liste estes comportamentos, porém comece com apenas um em cada situação. Por quê? Porque quando falamos em mudanças, menos é mais. Pequenos passos, porém profundos, geram grandes resultados. Veja quais aqueles que são mais fáceis de mudar, pois em se tratando de empresa, quanto mais difícil, mais resistência vai ser encontrada; e na sua vida profissional, a mesma coisa. A cada passo pequeno, uma grande vitória. Essas vitórias são celebradas e nos dão gás para vencer os novos desafios de mudar, todos os dias. Com a Cultura de mudança instalada na empresa ou no seu modelo mental, a resistência diminui e fica menos difícil provocar outras mudanças, inclusive as maiores.

Por exemplo, se você quer que a sua empresa tenha um atendimento maravilhoso, isso passa por tratar bem as pessoas, cuidar da sua GENTE, líderes e toda a equipe que forma a comunidade de servir da sua marca. Gente que ajuda gente a ajudar gente a encantar os Clientes!. Se você quer pontualidade na sua empresa, comece, você, o exemplo, sendo pontual em cada compromisso, dentro e fora da empresa.

Lembre-se que a equipe é reflexo do seu líder, logo, muitas coisas que as pessoas fazem e que atrapalham o clima da empresa, o atendimento e os resultados fazem parte da cultura do negócio por serem reflexo dos exemplos e comportamentos dos seu Líderes.

Cuidar da Cultura organizacional é garantir melhores resultados para todos. Porém, é importante ter cuidado para não transformar a Cultura em regras, afinal não se constrói cultura a partir de regras. Segundo Jason Fried do Basecamp, enquanto a cultura faz, as regras falam; enquanto a cultura inspira e estimula, as regras solicitam, exigem. Ou seja, através dos comportamentos corretos, a cultura acontece e leva o negócio e seus profissionais ao sucesso desejado.

Criar cultura exige muita energia, disciplina e foco nas coisas certas. E não acontece de uma dia para outro ou muito menos simplesmente colocando cartazes, com regras que irão fazer a Cultura desejada ser criada. É muito mais inspiração e exemplo dos líderes, ótimo relacionamento, comunicação eficaz, contratar bem, treinar bem e claro, reconhecer e recompensar quem faz mais no dia a dia para ajudar a criar e manter Cultura do negócio.

O que fazer para cuidar da Cultura na sua empresa?

Na Warby Parker, os líderes se reúnem uma vez por semana com os feedbacks de cada setor e discutem o que está acontecendo. Esse encontro é uma oportunidade maravilhosa para cada líder em cada setor aprender um pouco mais sobre a percepção do Cliente sobre a marca e entender onde cada um pode melhorar a experiência do Cliente.

O líder imediato é um dos maiores motivos para que um profissional fique ou saia de uma empresa, por isso mesmo a Warby Parker, com esses encontros, procura também criar um ambiente de troca de experiência e aprendizados. Outra coisa interessante na Warby Parker é o compromisso da marca com cada funcionário de que, sempre, cada um vai saber o que seu líder direto está achando do seu trabalho, sem surpresas.

> "Eu decidi deixar de perseguir o dinheiro
> e começar a perseguir a paixão"
>
> [Tony Hsieh]

A Zappos tem um livro chamado de *Livro da Cultura*. Lá os funcionários colocam comportamentos que são a cara da empresa e que, por isso mesmo, são parte da sua Cultura e responsável pelo seu sucesso. Não importa em quais cargos você vai trabalhar na Zappos, nas quatro primeiras semanas o profissional vai trabalhar atendendo os Cliente ao telefone. Na empresa há uma biblioteca com livros que falam sobre coisas que têm a ver com a Cultura do negócio.

Mas não esqueça:

> "Dar exemplo não é a melhor maneira
> de influenciar os outros, é a única"
>
> [Alfred Schweitzer]

Ou seja, a única maneira de criar e cultivar a melhor Cultura para o seu negócio é praticando os comportamentos que melhor representam essa Cultura, ou seja, é dando exemplos. E sempre que os profissionais da empresa praticarem esses comportamentos e ajudarem a cultura da marca, reconheça-os.

Quando cuidamos da Cultura do negócio, estamos cuidando das pessoas do negócio, da Cultura do ambiente onde o negócio está inserido e consequentemente do próprio negócio. E trabalhar em uma empresa com a Cultura adequada a C.U.R.A.® é ser incentivado constantemente a fazer o melhor para a empresa, para si mesmo e para todos com quem convivemos nela. As pessoas que não se encaixam são facilmente identificadas, comportamentos danosos à Cultura desejada são facilmente percebidos e dessa forma cada um pode assumir a sua responsabilidade no combate ao desequilíbrio.

2. Única

Única deve ser a Cultura de cada negócio. Existem ideias, conceitos e movimentos parecidos, mas a Cultura não se pode copiar; não se deveria nem tentar. Ela é formada pelos comportamentos e hábitos da equipe de uma empresa, a partir do modelo, exemplo e patrocínio dos seus líderes. Única é o que pode se tornar uma empresa que tem CAUSA nobre, visão **ins-piradora** e líderes que praticam e patrocinam as coisas certas. Ser Única é se **d!f3r3nc!4r** não apenas por fazer **d!f3r3nt3**, mas principalmente por fazer a **d!f3r3nç4** na vida das pessoas. Começando por quem trabalha nela e depois na vida de todos que convivem direta ou indiretamente com ela.

Única de que jeito?

Do seu jeito, é claro. Alguns Líderes falham por querer copiar a Cultura de um outro negócio, sem entender que nem tudo vai se adaptar à forma de gestão da sua empresa ou modelo do negócio. Pior ainda quando tentam copiar e colar sem uma tentativa mínima de adaptação à realidade da empresa.

A Cultura do negócio está diretamente ligada ao que os seus líderes pensam, acreditam e fazem. A empresa americana Treehouse, por exemplo possui uma jornada semanal de trabalho com 32 horas, embora a média americana seja de 47 horas semanais. O Ryan Carson, fundador da Treehouse acredita demais que não existe regra que para ser bem sucedido é preciso trabalhar 40 horas semanais ou mais. Na empresa fundada por ele, há uma real preocupação com o bem-estar das pessoas e por isso mesmo a empresa quer que sua equipe cuide mais de si, dedicando mais tempo livre para prática de esportes, lazer, estar com os amigos e com a família. Desta forma, quando estiverem no trabalho estarão mais felizes, saudáveis, dedicados e concentrados, e assim produzirão mais.

O Jason Fried do Basecamp também pensa parecido. A empresa da qual é cofundador tem a grande maioria dos seus funcionários trabalhando remotamente, inclusive em outros países. O Jason Fried acredita em trabalho duro na hora do trabalho, não antes, nem depois. Se nas empresas houvesse menos interrupção e mais foco na prioridade, não haveria necessidade de horas extras. Para ele, ter pebolim (totó), tênis de mesa, *video games*, entre outras coisas tidas como benefícios que tornam o trabalho mais legal, na verdade não passam de maneiras de iludir a equipe e manipulá-los a ficarem mais tempo no trabalho e ainda acharem isso bacana. Bacana mesmo é estar em casa com a família na hora certa ou no parque praticando esporte com os amigos porque terminou todo o seu trabalho durante o tempo do seu expediente. Esse é o verdadeiro equilíbrio, mas não quer dizer que na sua empresa tem que ser exatamente assim. Lembre-se sempre do que falo: não há receitas prontas, não é trilho, é trilha. Essas ideias da Treehouse e Basecamp são **inspiradoras**, mas você é que tem que saber o que funciona e como funciona no seu negócio, na sua carreira e na sua vida para chegar ao ambiente estimulante e equilibrado.

Ser Única é criar coisas que façam com que as pessoas do seu negócio sintam-se valorizadas e que depois de um tempo trabalhando na empresa sintam-se melhor profissionalmente e também pessoalmente. Há empresas que matam a energia vital de qualquer profissional. É muito comum ver pessoas chegando com brilho nos olhos, mas, com o passar do tempo, aquele brilho ir sumindo; e, sem perceber, essas pessoas se tornam Zumbis.

Uma das coisas mais Únicas que um ser humano pode ganhar hoje em dia é tempo. Tempo para refletir, tempo de solitude, tempo para compartilhar, tempo para viver, tempo para conviver, tempo para se cuidar, tempo para cuidar dos outros, tempo para fazer seu trabalho sem ser interrompido por reunião ou mensagens via celular toda hora etc. Na minha humilde opinião, não há TV, internet, *video game*, ambiente descolado ou *casual friday* que substitua isso. A Cultura Única é valorizar a coisa certa pro negócio, é contratar as pessoas com a energia certa e que compartilhem as mesmas CAUSAS, valores e que se inspirem pela visão do negócio. É construída a cada dia, com cada comportamento, com cada feedback dado ou negado, em cada palavra proferida pelo Líder nas reuniões da empresa; no que se faz ou deixa de fazer quando as coisas vão bem e também quando as coisas vão mal.

E aí, o que faz a sua empresa ser única? O que pode fazer ela continuar sendo Única para quem trabalha nela? E para quem fornece para ela? E para quem é Cliente dela? E para quem é vizinho dela?

Me lembro de uma história interessante que ouvi de uma funcionária de uma rede de supermercados. Durante uma palestra para a equipe da empresa, eu pedi para que cada um escrevesse em um papel um motivo pelo qual tinha orgulho de trabalhar lá. Depois, perguntei se alguém queria falar. Uma funcionária perguntou se poderia vir a frente e falar. Falei que sim e ela então começou a sua história.

A mãe dela estava doente, não tinha plano de saúde e estava já há mais de um mês indo e voltando de hospitais e clínicas públicas. Ninguém conseguia dizer o que ela tinha. O caso só se agrava até que ela teve que ir com urgência para um hospital. Não havia leitos disponíveis, então ela ficou dormindo por 15 dias com a mãe no corredor do hospital. A equipe da loja onde ela trabalhava soube disso e fez uma "vaquinha" para arrecadar dinheiro para que ela fosse a um médico particular. O dinheiro deu para uma consulta particular e remédios que aliviaram a situação da mãe dela, que, depois, passou por cirurgia e ficou boa. A funcionária, emocionada contando a história, falou que ficou 15 dias sem trabalhar, porque teve de ficar no hospital com sua mãe. Nesses 15 dias, o pessoal fez a "vaquinha", e a gerente da loja ligava quase que diariamente para saber notícias e perguntar se ela estava precisando de alguma coisa. Além disso, quando ela voltou para trabalhar, a empresa não descontou os dias ausente, nem pediu atestado que comprovasse essa ausência. O motivo do seu orgulho e dedicação foi a forma única como ela fora tratada pelos colegas de trabalho, pela gerente e pela empresa. Isso acaba influenciando na Cultura do negócio e nos seus resultados, concorda?

A Atitude de todos na empresa com a funcionária e a solidariedade com o problema de sua mãe fizeram com que a relação dessa funcionária com a empresa evoluísse de transacional para emocional. Não é pedindo que as pessoas vistam a camisa da empresa que elas simplesmente irão ter senso de dono e se engajar. É preciso muito mais do que isso. É preciso uma Cultura Única de Respeito e Aprendizado. Cada ser humano, sendo tratado com respeito às suas diferenças e individualidades para que possa se sentir parte de algo que vale a pena, um verdadeiro T.I.M.E (Todos Integrados na Mesma Energia).

Quando a Cultura é Única, sente-se no clima da empresa e percebe-se no relacionamento das pessoas que lá trabalham. E isso acaba refletindo em como tratam os Clientes e todos que de alguma maneira têm contato com aquele negócio. De uma maneira muito mais humana e respeitosa.

Mas, como falei, não se trata de copiar ideias, mas se **ins-pirar** com elas, com certeza. O modelo remoto de trabalho do Basecamp pode não servir para o seu negócio que exige a presença no escritório ou na lojas dos funcionários, mas a questão é: o que pode ser feito para melhorar o clima na sua empresa?

Frequentemente, o que vejo em reuniões nas empresas é a Diretoria pedindo ao RH que tenha treinamento com a equipe sobre engajamento, senso de dono, atendimento ao Cliente etc. Muitas vezes o melhor treinamento é não treinar. Isso mesmo, muitos problemas nas empresas não precisam de treinamento, nem serão resolvidos com treinamento, embora seja automático pensar em treinamento para solucionar qualquer coisa no negócio.

Às vezes mudar o processo, às vezes mudar pessoas (sempre em último caso e com a certeza que já foi feito de tudo por ela e para ela), às vezes investir em estrutura, melhorar a Cultura, o clima organizacional. Ou seja, tem um monte de coisa que não se resolve treinando apenas.

Empresa com movimentos na direção da C.U.R.A.® empresarial fazendo parte da estratégia do negócio, e estando na cabeça e no coração de todos que fazem a empresa, tem diminuída a necessidade de investimento em treinamento. A Cultura do negócio é o maior investimento com o melhor retorno que pode ser feito. Uma Cultura com um jeito Único que torne a empresa única para quem trabalha nela, que por isso mesmo vai ficar mais tempo e feliz trabalhando lá, como também para os Clientes que até pagarão mais pelo que a empresa oferece devido à grande consistência na qualidade da experiência de compra e relacionamento.

3. Respeito

A base para aumentar as chances de salvar uma empresa M.O.R.T.A.® ou para impedir que a empresa se torne M.O.R.T.A.® é o respeito. Tão simples, mas ao mesmo tempo tão difícil de praticar diariamente. Durante minhas palestras e workshops sempre pergunto se as pessoas acham o RESPEITO algo importante. Em todas as vezes, até hoje, 100% das pessoas dizem que claro que sim! Alguns até são sarcásticos na resposta por achar isso algo tão óbvio. Mas, aí eu faço uma segunda pergunta: é comum haver desrespeito na empresa onde você trabalha? A grande maioria diz que sim. Muitos dizem, inclusive, que já desrespeitaram ou já foram desrespeitados várias vezes. Só para reforçar, o que faz uma empresa M.O.R.T.A.® é a prática constante de hábitos e comportamentos tóxicos que desequilibram o ambiente, dentro e fora da empresa, sendo parte da Cultura do negócio, por ser algo muito comum. Sei que atritos e conflitos fazem parte de nossas vidas, o problema é quando isso se torna um hábito; aí, passa a prejudicar não só a saúde do negócio como a própria saúde das pessoas que lá trabalham.

Mantenha o respeito

Em seu livro **ins-pirador**, Paul Meshanko fala que os Líderes devem construir e cultivar o respeito em suas empresas por um monte de motivos, e um deles é o biológico. Nosso cérebro é profundamente influenciado pela forma como somos tratados pelos outros. Quando somos tratados com respeito, nosso cérebro desperta e trabalha em seu nível máximo.

> *"As pessoas esquecerão o que você disse, as pessoas esquecerão o que você fez. Mas elas nunca esquecerão como você as fez sentir"*
>
> *[Carl W. Buehner]*

Respeito parece ser algo subjetivo, certo? Como então investir tempo e energia para construir, manter e cultivar o respeito no ambiente empresarial? Eu mapeei alguns comportamentos que mostram o respeito atuando como força de integração, engajamento e resultados nas empresas.

Para manter o respeito é importante saber **a importância do respeito e o seu significado**. É importante que todos na empresa, desde a sua contratação, saibam da importância do respeito para o seu negócio e o que significa respeito para todos na empresa. Dessa forma cada membro do negócio vai saber o que se espera dele e como ele deve agir para cultivar o respeito no dia a dia.

O que é e por que ter o Respeito como base dos valores e das práticas empresarias.

O que é? É um dos principais ingredientes para a construção de um ambiente corporativo mais humano e com resultados sustentáveis. Por quê? O Respeito aumenta a imunidade do negócio melhorando a sua proteção contra a toxicidade de algumas pessoas, processos e do próprio mercado. Gera confiança nas pessoas, fortalece o elo entre elas, aumenta a felicidade no trabalho e aumenta a produtividade. Tão simples e tão impactante. Simples, porém super, hiper, mega, max, ultra difícil de manter. Para saber como o seu negócio está em relação a esse importante componente da C.U.R.A.®, dá uma olhadinha nos pilares do Respeito. Nos meus estudos e observações identifiquei 11 pilares que dão a um negócio uma sustentação com base sólida em respeito.

Os pilares do Respeito

1. **Honestidade:** As pessoas se comunicam abertamente e de forma confiável. Sempre falam para a pessoa e não da pessoa.

2. **Generosidade:** As pessoas não se expressam violentamente, respeitam os espaços e individualidade de cada um e se recusam a manipular ou intimidar alguém.

3. **Colaboração:** Perguntam se o outro está precisando de ajuda, não esperam ser solicitados para ajudar. Aceitam mudanças e colaboram para que o processo de mudança tenha menos transtorno e menos resistência pos-

sível. Tomam decisões em conjunto e estão dispostos a se comprometerem com as decisões tomadas. Procuram, sempre que possível, um solução onde não haja perdedores nos conflitos. E que para cada situação de conflito haja um aprendizado para todos, o que pode, pelo menos, evitar novos conflitos sobre o mesmo assunto.

4. **Confiança:** Oferecem o benefício da dúvida, acreditam na palavra do outro. Sabem que a confiança ajuda na velocidade de como as coisas acontecem, por isso buscam conquistar a confiança das pessoas e não perdê-la, pois isso pode ajudar a empresa a ser menos burocrática através de processos mais simples e ágeis.

5. **Auto-responsabilidade:** Admitem o erro quando erram, assumem responsabilidade por suas palavras, comportamentos e atitudes. Assumem sua responsabilidade em fazer o ambiente de trabalho ser mais estimulante e equilibrado.

6. **Empatia:** As pessoas sempre se colocam no lugar do outro. Buscam diálogo e, em cada diálogo e interação, são congruentes, ou seja, praticam o que pregam (são verdadeiros), ouvem ativamente o outro (ouvir silenciando a voz interior para poder ter a mente aberta para as ideias dos outros, livre de julgamentos) e conseguem aceitar incondicionalmente o outro, sem julgar ou se deixar influenciar pelas diferenças de opinião.

7. **Positividade:** Trazem para o trabalho alto astral, ótima energia e uma forma positiva de ver o mundo.

8. **Atenção** (torcida a favor): Valorizam opiniões, ouvem sem julgar, encorajam, se fazem entender, dão apoio às escolhas dos outros, torcem pelo sucesso dos outros e vibram quando os outros são bem-sucedidos no que fazem.

9. **Espiritualidade:** Veem o trabalho como algo sagrado e agradecem todos os dias pela oportunidade de trabalhar e pela benção que o trabalho traz. As pessoas espiritualizadas buscam um maior conhecimento de si e desenvolvem um entendimento do poder da consciência. Mantêm a cabeça e o coração cheios de amor para evitar as distrações e tentações que aparecem todos os dias no trabalho. Evitam falar mal da empresa, do colega de trabalho, entregar um atestado médico falso, mentir para Clientes, serem desonestos com Clientes, colegas de trabalho, funcionários etc. Evitam pensamentos do tipo "nenhuma empresa presta", "todo Cliente é chato", "eu nunca tenho sorte".

10. **Produtividade:** O foco deve estar no que é importante. Adoram terminar o que começam dentro dos prazos negociados e estabelecidos. Para isso procuram evitar interrupções como reuniões em excesso e uso do celular desnecessariamente.

11. **Segurança:** O ambiente de trabalho oferece segurança para que todos possam se concentrar no trabalho, sem medo, ameaças ou mudanças de humor repentinas.

> "O problema é que quando as pessoas se sentem desrespeitadas, elas não nos dão o melhor de si. Elas não nos dão sua atenção, suas ideias e seu máximo esforço".
>
> [Paul Meshanko]

Estava iniciando as primeiras páginas desse livro em Maio de 2015. Já tinha definido a CAUSA e o modelo mental. Também já contava com alguns exemplos próprios e algumas pesquisas já realizadas, além de todas as anotações das experiências feitas nas empresas de alguns Clientes. Entre as pesquisas, o tema Respeito já aparecia muito forte como base para a construção desse ambiente empresarial mais humano, equilibrado e estimulante. Porém, o tema não surgiu na minha vida em 2015.

Como empresário, consultor e palestrante, tive e tenho acesso a muitas empresas e contato com seus ambientes corporativos. Nesses contatos, além de estudar e observar muito, também conversei com presidentes, diretores, acionistas e funcionários de todos os níveis hierárquicos. É interessante como nem todos os Líderes enxergam a empresa da mesma forma que os seus liderados. E que, se houvesse mais diálogo entre eles, haveria menos conflitos, logo, menos ânimos inflamados. Esse, inclusive, é um forte indicador de um ambiente excessivamente ácido, a discrepância entre a visão do ambiente dos líderes e a visão do seus liderados. Quanto maior a diferença, maior a toxicidade. Em comum nessas empresas: a ausência de preocupação com as relações, a postura dos profissionais da empresa, e a máxima "o que importa são os resultados", que é tida quase como um mantra.

Por outro lado, quando encontrei empresas com ambientes corporativos acima da média em integração e resultados consistentes, o respeito estava lá. Líderes **inspiradores** que são verdadeiros exemplos de Respeito ao seu negócio, às pessoas que nele trabalham e suas famílias. Sem falar na forma respeitosa que tratam seus Clientes, fornecedores e sua vizinhança.

É claro que não há perfeição, mas há uma atenção além da média que acaba transformando o ambiente do negócio e transformando a empresa em uma marca magnética que passa a atrair mais gente querendo trabalhar lá, mais Clientes querendo comprar, mais fornecedores querendo parcerias etc.

Outro ponto relevante é a incrível quantidade de dinheiro gasto, por empresas, em casos de assédio moral (símbolo mais forte da falta de respeito em uma empresa), além de tempo e dinheiro com negociações que evitem o processo. Há ainda o alto custo da improdutividade causada pela falta de engajamento e de interesse no trabalho, como também na falta de união da equipe pelo ambiente corrosivo.

> *"Trate cada pessoa com respeito e dignidade, não importa quem seja"*
> [Paul Meshanko]

Sabe quando acreditamos muito no que fazemos, mas mesmo assim ainda precisamos de um sinal, algo que fortaleça ainda mais nossas convicções? Pois é. Enquanto estava escrevendo o livro, fazendo minhas pesquisas, vi como é difícil fazer pesquisas ou ter acesso a dados e números confiáveis no mundo dos negócios aqui no Brasil. Já nos Estados Unidos, os caras têm pesquisa e números para tudo nesse mundo. E foi de lá que veio esse sinal. Eu estava com Fabiana em um evento bem bacana de Desenvolvimento de Talentos que é organizado anualmente pela ATD (Associação Americana para o Desenvolvimento de Talentos) quando vi na grade de palestras *The respect effect* (o efeito do respeito). Isso mesmo, uma palestra com o tema respeito. E o que é melhor, era o lançamento do livro de mesmo nome.

Na palestra e no livro, que devorei em um final de semana, encontrei pesquisas e dados que confirmaram minhas crenças e comprovaram minhas experiências em algumas empresas por aqui. Mantenha o Respeito, Viva o Respeito!

4. Aprendizado

Ah, o conhecimento! Como é importante transformarmos as informações em conhecimento e o conhecimento ser usado com sabedoria, para o bem do negócio e das pessoas. Gosto muito de dizer que o aprendizado é essencial para o crescimento e a evolução. Ter um comportamento único de respeito e aprendizado com o chefe, com os colegas de trabalho, com os amigos, com a família e com todos que passem em nossas vidas. Podemos e devemos trocar conhecimento e experiência com cada um deles, sempre respeitando as diferenças e sendo muito humilde para perceber que todos temos algo o que ensinar e o que aprender, não importa quem.

Errar faz parte

É comum dizer que o erro faz parte do processo de aprendizado e que é errando que se aprende. Já falei no meu livro *MovimentAÇÃO*, que o acerto nos ensina muito mais do que o erro, mas o que nos faz aprender ainda mais é a reflexão que fazemos sobre o acerto e sobre o erro. Por isso mesmo, nem precisam ser nossos próprios erros e acertos. Mas, toda vez que algo der certo ou errado na sua vida, é importante refletir sobre o que aconteceu. Você teve alguma responsabilidade? Foi algo que você fez ou deixou de fazer?

Se não refletirmos, fica impossível aprender, e dessa forma nossos acertos se tornam sorte quando acertamos e azar quando erramos. O aprendizado trazido pela reflexão, análise e mudança de hábitos e comportamentos nos faz evoluir, aumentando nossas chances de sucesso.

A partir do momento que a reflexão acontece, seja em um momento de solitude ou ainda de forma compartilhada, fica mais fácil perceber algum comportamento que tenho comumente e que pode estar me atrapalhando, e assim posso começar os difíceis movimentos, e agir para mudar e evitar esse comportamento. E se consigo mudar esse comportamento, aumento as minhas chances de acerto, diminuindo o componente sorte ou azar. Por isso a importância do autoconhecimento e da reflexão, em nossos momentos de solitude, por exemplo. O mesmo vale quando observamos alguém errando ou acertando e refletimos sobre o que vimos, e aí percebemos como podemos aprender para evitar certos erros ou aumentar as chances de certos acertos.

O maravilhoso movimento de melhoria do nosso autoconhecimento, através de momentos de solitude, nos leva a uma autogestão cada vez melhor. O Tony Hsieh da Zappos fala que esse é o futuro da gestão, a autogestão. Em um mundo cada vez mais complicado, intenso e tóxico, é demais pedir que tenha sempre alguém do seu lado te dizendo o que fazer e o que não fazer, te dando feedbacks e mostrando o caminho. Precisamos entender esse novo papel do Líder que não é mais de motivar, mas sim de criar o ambiente ideal para que a Cultura Única de Respeito e Aprendizado prospere. E esse novo papel não está mais em motivar e sim não desmotivar; está em ajudar, através de orientação, os membros da sua equipe a buscarem as suas trilhas de conhecimento e evolução que os preparem para desenvolverem a autogestão.

Autogestão implica em autoconhecimento e quando necessário, na busca de conselheiros orientadores e feedbacks de colegas de trabalho, do líder e outros na empresa que possam ajudá-lo a ser melhor para a empresa e para si mesmo. Autogestão não é viver sozinho e isolado na vida pessoal e profissional. É assumir a responsabilidade que te cabe na melhoria da sua vida pessoal e profissional. É conhecer muito bem suas limitações e potencial. É pedir ajuda antes de oferecerem, se oferecerem. É aprender com seus erros e acertos, mas também com os erros e acertos dos outros. É ser humilde para pedir que os outros nos ensinem. Quanto mais você aprende sobre você, mais claro fica o que é melhor para você. O que evitar, o que abraçar. Lembra do tripé da realização do Jim Collins? É procurar fazer o que você ama, o que você consegue ser competente e o que pode te recompensar bem. Cada um desses três pontos exige um conhecimento seu sobre você mesmo. O que te faz feliz de verdade? O que você ama de verdade? Não é o que você acha ou o que alguém diz que você tem que fazer. No que você consegue ser competente? Ou seja, onde você pode fazer a **d!f3r3nç4** com o seu talento? Você sabe? Já parou para pensar nisso? E o que pode te recompensar bem? Nesse caso, primeiro é importante estar claro para você o que é recompensar bem? Que tipo de recompensa vale o esforço? É material? É tangível? É espiritual, intangível? Percebe como o processo de aprendizado pode nos ajudar a definir em qual direção seguir? Mas para isso é muito importante também investir em aprender mais sobre você mesmo.

É preciso também aprender sobre a empresa onde você trabalha. Entender seus valores, crenças e perceber o quanto se parecem com os seus. Quanto mais parecidos, melhor vai ser trabalhar lá. Outro aprendizado importante é sobre quem trabalha lá. Quanto mais você conhece e aprende sobre seus colegas de trabalho, mais você os entende e aprende a tratar cada um como cada um gostaria de ser tratado, criando laços emocionais verdadeiros e fortes que levam ao Respeito.

E tem também o processo formal de aprendizado.

O aprendizado sobre produtos, serviços e processos do negócio. O processo de aprendizado nas empresas já não está mais no controle de um departamento ou líder apenas. O conhecimento está tão pulverizado pelo negócio e até fora dele, e as necessidades são cada vez tão mais específicas, que em um futuro próximo é difícil visualizar a educação corporativa do jeito que é hoje. De um para muitos.

Situações como Gente participando de treinamento sem precisar, com gente que precisa muito estar ali ou ainda pouco conteúdo específico e personalizado. A consequência disso é um péssimo treinamento para todos e péssimos resultados para o negócio. Lembrando que nem tudo se resolve com treinamento; é importante agilizar e evoluir no processo de aprendizagem daqui pra frente.

Há vários caminhos. É preciso que você encontre o que é melhor para a sua empresa ou, ainda, que crie a sua própria trilha, sempre lembrando em não copiar para que seja possível criar algo Único que vai fazer a d1f3r3nç4 de verdade para quem estiver no processo de aprendizagem. Criar algo que estimule as pessoas a querer aprender e gostar de aprender.

Aprendizado de todos para todos

Será que toda vez que você precisar capacitar alguém, vai ser necessário contratar alguém de fora da empresa?

Há muito casos que sim, mas, no aprendizado moderno, qualquer um pode ensinar a qualquer um, diferentemente do processo tradicional onde quem ensina é um ser "especial" com qualificações específicas. A mudança ocorreu pela evolução rápida do mundo e a grande disseminação de conteúdo nas mais diversas plataformas, tornando impossível que apenas uma pessoa saiba de tudo e possa controlar tudo. O processo de aprendizado na C.U.R.A.® é um processo inclusivo com base em rede de relacionamentos e foco em troca de conhecimentos.

Quem aprende mais rápido o que precisa ser aprendido leva muita vantagem, certo? E quem coloca em prática com consistência e qualidade o que aprendeu, mais ainda. Por isso que o aprendizado nas organizações pode ser mais fluido e inclusivo. Imagine a quantidade de experiências e conhecimento que cada membro da equipe de uma empresa tem e que não é compartilhado? Imagine quanto a empresa perde com isso. Imagina o que se perde muitas vezes contratando alguém que sabe muito de um assunto específico mas não sabe nada sobre a empresa, seus processos, cultura e seu mercado? Agora imagine uma cultura onde, na empresa, quem sabe algo que mais gente precisa saber, tenha vontade e tome iniciativa para ensinar quem precisa e quer aprender?

Quando falo que o papel do Líder é criar as condições para que a Cultura Única de Respeito e Aprendizado aconteça, estou falando também de coisas como essas. O Líder criando condições para que as pessoas aprendam umas com as outras. Volto aqui a importância do Respeito. A Cultura de Aprendizado só floresce se houver respeito e confiança entre as pessoas da equipe. Muitos se sentem fragilizados e vulneráveis se estiverem aprendendo com um colega do mesmo setor, às vezes até de um outro setor ou ainda de hierarquia abaixo da sua. Tem um pouco de medo, mas tem também vaidade! E no processo de C.U.R.A.®, a vaidade e o medo não podem atrapalhar a evolução das pessoas, dos profissionais, nem do negócio.

Há empresas que estimulam muito esse processo de aprendizado, fornecendo meios para que a equipe possa colaborar entre si, aprender e ensinar, compartilhando conhecimento com seus colegas da empresa, do mesmo setor, de setores diferentes, cargos e hierarquias diferentes. Isso pode se dar construindo espaços para que o aprendizado aconteça, fornecendo aplicativos e treinamentos necessários e até mesmo algum tipo de recompensa para quem dedicar um tempo para ajudar outros a aprenderem o que não sabem, mas precisam saber. O aprendizado pode ser de coisas profissionais como o melhor vendedor em prospecção ensinando quem precisa melhorar nesse ponto, até coisas como elaborar um plano de vida para se tornar mais realizador. Pode ser desde se tornar melhor em alguma ferramenta (como o sistema da empresa) até a gerir melhor suas finanças pessoais. Há eventos, por exemplo, que não dá para todos da empresa participarem, seja pelo valor do investimento seja por questão de funcionamento do negócio que não pode fechar. Uma coisa que vejo acontecendo que é simples e bem legal é que quem foi, quando volta do evento faz uma apresentação e compartilha com quem não foi. Esse compartilhamento pode ser feito presencialmente ou ainda através de slides, textos, gravação de voz e vídeos; sendo compartilhados via e-mail, mensagens ou com links no dropbox por exemplo. O importante é que tenha não só o conteúdo, mas também a visão e os comentários de quem esteve lá.

Com a empresa entendendo que o processo de aprendizagem não é mais um domínio exclusivo do RH do negócio, e trabalhando para garantir um mínimo de influência nele, facilitando e criando meios para que o processo aconteça, a equipe vai enxergar o negócio como um facilitador no processo, o que é muito bom. Acredito inclusive que esse vai ser o novo papel da gestão de pessoas, cuidar do desenvolvimento delas, mas não mais como um único provedor e sim como mais um e principalmente como quem vai incentivar a CULTURA de Aprendizado e criar ou facilitar os meios para que ela aconteça. A ideia é que o negócio possa aumentar a sua inteligência com cada profissional sabendo mais e consequentemente produzindo mais e melhor. Desta forma a empresa aumenta a sua competitividade no mercado, acelerando o seu processo de desenvolvimento de talentos.

O aprendizado na C.U.R.A.® é um processo aberto, voluntário ou estimulado, de aprendizado coletivo de todos para todos. Nele, qualquer um pode participar, colaborando em pequenos ou grandes grupos para troca de experiência, e assim gerar o aprendizado necessário para cada um. Começa a partir do interesse e da necessidade de cada membro da equipe e não mais apenas da empresa. Não é mais de cima para baixo e nem de um para todos e sim de todos para todos em todos os níveis, lados e locais. As pessoas decidem o que querem aprender e ensinar, quando e onde.

C.E.P

Falando em forma de aprendizagem, o que pode incentivar os profissionais de uma empresa a abraçarem a Cultura de Aprendizado? Além do Respeito e de um ambiente estimulante e equilibrado?

Por estar sempre em movimento, o mundo dos negócios exige movimento por parte das empresas e de seus profissionais, que precisam mudar, evoluir, transformar e/ou adaptar seus processos, produtos, serviços e atendimento para conquistar e reconquistar Clientes. Mas como as empresas podem ser mais ágeis nesse processo? Como podem responder às mudanças do mercado e atender às necessidades de um Cliente cada vez mais exigente e que está sempre em evolução? Em qual direção seguir?

Uma das direções chama-se Educação. Educação que leve ao Aprendizado necessário de um jeito estimulante. Esse é um dos caminhos que aumentam as chances de não perder a preferência dos seus Clientes, tendo a equipe sempre preparada, antenada e bem relacionada com os Clientes, entendendo o que eles realmente precisam e o que podem pagar. E sempre que as necessidades deles mudarem ou evoluírem, a equipe acompanha e evolui também.

Afinal, é isso que buscamos sempre. Muitas de nossas universidades, que deveriam ser o espaço garantidor dessa evolução e adaptação corporativa, estão entre aquelas que menos se transformaram, pelo menos até agora. Nem mesmo elas conseguem acompanhar essa velocidade incrível do mercado e, por isso, muitas não desenvolvem os profissionais e os futuros empresários para os desafios do hoje e do amanhã. Não estou dizendo com isso que não vale a pena estudar em uma universidade. Vale e muito, porém a escolha da instituição é fundamental.

Quando falamos das necessidades do mundo dos negócios, respostas mais rápidas precisam ser fornecidas.

Quando falamos em treinamento, capacitação, educação corporativa, conteúdos, meios e formas precisam acompanhar essa (re)volução. Uma alternativa é o que chamo de C.E.P., que para mim, é o futuro da educação corporativa.

C.E.P. é uma sigla que significa "Conteúdo Entusiasmante Personalizado" ou, também, "Conteúdo em Pedaços". É entregar o conteúdo necessário e somente o necessário, aos poucos, de forma personalizada para a equipe, de maneira que não sobrecarregue ninguém. Ou ainda criar condições para que a equipe tenha acesso ao C.E.P. onde, como e quando queiram. Além da necessidade de se atualizar ou aprender coisas novas, ainda há a necessidade e as demandas rotineiras de suas tarefas e obrigações dentro e fora da empresa. Por isso mesmo, a forma fragmentada de entregar esse conteúdo é tão importante.

O Código de Endereçamento Postal – também C.E.P. – garante que a correspondência chegue ao local desejado, pelo menos deveria, certo? Com a proposta do C.E.P. na educação corporativa, a ideia também é garantir que a mensagem de seu treinamento, capacitação ou informação chegue do jeito certo, a pessoa certa de um jeito estimulante e atrativo, aumentando não só o entendimento do conteúdo, como também a retenção dessa mensagem, melhorando os resultados de aprendizado como também do negócio como um todo.

A rápida evolução da tecnologia influenciou o comportamento das pessoas inclusive na hora de aprender, modificando e criando novas formas de relações do ensino e aprendizagem. Antes, apenas presencial, agora o conteúdo pode ser transmitido também à distância, onde quem aprende pode, inclusive, escolher a hora e lugar melhor naquele momento para o seu aprendizado. A mente precisa estar aberta para o aprendizado acontecer, então nada melhor do que a pessoa escolher como ela quer aprender, concorda? Posso escolher participar de um treinamento presencial no auditório da empresa ou optar por uma sessão de mentoria, também presencial; ou ainda posso escolher receber o conteúdo em formato de vídeo ou podcast para aprender através do meu dispositivo móvel, por exemplo. Poder escolher é bom demais e faz toda a **d!f3r3nç4** no engajamento das pessoas no processo de aprendizagem.

O C.E.P., em sua essência, se utiliza dos meios digitais como principal meio de disseminação dos conteúdos para o aprendizado, por exemplo, as redes sociais, tais como: Facebook, Snapchat, Instagram, Twitter, Whatsapp etc. Porém, como falei um pouco acima, não é única maneira, pois pode ser feito também presencialmente. O mais importante mesmo é a quantidade de conteúdo, o tempo para cada conteúdo ser digerido, a personalização desse conteúdo, o que faz cada profissional na empresa se sentir Único. Afinal, nem todos gostam de participar de um treinamento com todo mundo; às vezes, você já tem aquele conhecimento e poderia usar aquele tempo para aprender algo que você ainda não sabe, mas precisa saber.

O conceito de C.E.P. foi **ins-PIRADO** na minha paixão por tecnologia e por um objetivo maior, que chamo aqui de uma grande CAUSA, que é ajudar empresas e profissionais a serem cada vez melhores, sempre em movimento, evoluindo, melhorando e se transformando. Uma CAUSA forte unida à tecnologia para melhorar os processos de aprendizagem dentro das empresas e, assim, ajudar no desenvolvimento de profissionais.

Para evoluir no conceito de C.E.P., além de contar com a ajuda de Clientes queridos que me permitiram experimentar ideias durante trabalhos de consultoria, também fui profundo nos estudos de utilização do EAD e Microlearning no campo do treinamento e desenvolvimento de profissionais.

O C.E.P. é a forma como o aprendizado é construído. É rápido e mais fácil de entender, sendo mais efetivo na retenção do conteúdo por não sobrecarregar o profissional. O conteúdo pode ser produzido mais rápido, mais barato e de forma mais fácil pela empresa, ou até mesmo por muitos profissionais da empresa. Vídeos podem ser feitos nos celulares e enviados pelo Whastapp, por exemplo. O C.E.P. é modular, pois os conteúdos vão sendo entregues de acordo com a demanda e necessidades específicas das pessoas e do negócio. É ótimo para experimentos, pois é um modelo de aprendizado que está aberto a mudanças e pode ser adaptado à medida em que vai sendo implantado. Demora menos tempo para elaborar, desenvolver e executar e assim diminui custos. Os conteúdos podem ser entregues através de E-learning com suporte de redes sociais, e-mails etc. O conteúdo é múltiplo, compreende desde pequenos textos, vídeos, frases, imagens, podcasts, pequenas apresentações em PDF, até perguntas e respostas. Uma das grandes vantagens é que a informação pode ser consumida, inclusive, em movimento, de forma rápida e simples, em meios que fazem parte da vida das pessoas, como celulares e redes sociais, que são uma extensão das micromídias, como: Twitter, Vine, Whatsapp, Instagram, Snapchat, Facebook, Hello etc.

Microlearning, que é a maior inspiração para o C.E.P., nada mais é que explorar o conhecimento através do mínimo de sobrecarga psicológica de informações. O diferencial está no processo de aprendizado, distante de tornar-se uma jornada enfadonha ou cansativa. A possibilidade é de aproveitar o tempo e os dispositivos tecnológicos disponíveis de uma forma mais orgânica, divertida, atrativa e relevante. O C.E.P é menos material acumulativo e mais informação aplicada.

É claro que é preciso bom senso no uso das tecnologias, como já falei aqui no livro, lembra? A tecnologia é meio, não fim e se bem utilizada nos ajuda e muito a fazer mais e melhor. No caso da Aprendizagem pode nos ajudar a aprender mais e melhor!

Numa empresa com a filosofia da C.U.R.A.®, as pessoas se sentem estimuladas a aprender coisas novas, compartilhar o que aprenderam e também ensinar.

LÍDERES
PRECISAM CONSTRUIR
PONTES
ENTRE PESSOAS
E DEPARTAMENTOS
DA EMPRESA
E AGIR PARA
TRANSFORMAR
ILHAS EM CONTINENTE.
[FRED ALECRIM]

. *Algumas pessoas são incrivelmente ácidas e inflamáveis. Normalmente adoram questionar tudo, mesmo quando não têm opinião sobre o assunto. Amam fazer o "papel" de advogado do diabo em todas as situações apenas para tumultuar as reuniões, os processos e gerar conflitos e mal estar, inflamando as membranas das relações interpessoais nas empresas e intoxicando todo o ambiente com hostilidade, improdutividade, inércia e procrastinação.*
[Fred Alecrim]

Papel do Líder na C.U.R.A.®

A liderança tem um papel super importante na C.U.R.A.® Empresarial. Primeiramente abraçando e patrocinando essa causa. Segundo, servindo de exemplo com comportamentos e atitudes que tornem o ambiente da empresa mais estimulante e equilibrado.

Em uma das minhas viagens recentes aos Estados Unidos, estava com minha esposa Fabiana indo para Denver. Pegamos um voo da American Airlines de São Paulo para Dallas e de lá uma conexão para Denver. Chegamos em Dallas e perdemos muito tempo na imigração, o que nos fez perder, também, a conexão. Ao chegar no guichê da American Airlines, a funcionária me comunicou que já tínhamos sido transferidos para um outro voo que sairia de Dallas dentro de duas horas. Esperamos e no tempo previsto começaram a chamar para o embarque. A aeronave começou a se deslocar para decolar, quando parou ainda no pátio, próxima ao *finger* (ponte que conecta a aeronave ao portão de embarque e desembarque do aeroporto). Não demorou muito e o comandante, de forma muito educada e calma, nos comunicou que havia acontecido um problema com a aeronave e que, por segurança, retornaríamos para que pudéssemos ver o que houve; ele falou que em 20 minutos retornaria para dizer o que tinha acontecido e o que seria feito.

Com 20 minutos, precisamente, ele falou que já havia uma equipe trabalhando no problema e que se não o resolvessem em 20 minutos, para o nosso conforto, todos iriam voltar ao salão de embarque. Falou também que se o problema não fosse sanado até as 13h (naquele momento eram 8h50), outra aeronave seria enviada para fazer o trecho até Denver e que isso só poderia ser feito no outro dia.

Não preciso nem falar o quanto esse tipo de situação chateia, ainda mais em um mundo onde as pessoas estão tão intolerantes e impacientes, se comportando cada vez mais de forma tóxica e abrasiva. O comandante era um grande Líder e todo grande líder sabe da importância da honestidade e da comunicação clara, principalmente em situações chatas. E então, em 20 minutos ele volta a falar, informando que realmente teríamos que descer da aeronave. Comunicou que quando descêssemos procurássemos a equipe de terra da American Airlines que eles iriam nos entregar *vouchers* para alimentação; disse também que ficássemos próximo ao portão de embarque. No final do seu comunicado, ele pediu desculpas em nome da empresa e pediu, carinhosamente, que por favor tratássemos bem a tripulação e equipe em terra, pois eles não tinham culpa pelo problema na aeronave.

Achei isso muito bacana. Um Líder que cuida e se preocupa com a sua equipe. Concorda que isso ajuda e muito no Clima da equipe em cada voo? Que quem trabalha com esse comandante, trabalha mais feliz, logo se engaja mais com o trabalho? Olhei para os lados e todo mundo, ao sair da aeronave, saía tranquilamente, sem reclamar. E sabe quem estava lá na porta do avião agradecendo e pedindo desculpas pelo inconveniente? Ele mesmo, o comandante. Esse é um grande exemplo do papel no Líder, cuidar da equipe para que eles possam fazer seu trabalho da melhor forma. Às 13h daquele dia embarcamos na mesma aeronave com destino a Denver. Mais uma vez o comandante estava na porta do avião, desta vez dando boas-vindas e desejando um ótimo voo a todos. No voo, com a mesma equipe, o atendimento da tripulação foi maravilhoso. Não tenho dúvida que isso tem muito a ver com a atitude e comportamento do Líder.

Quando o Líder é bom exemplo para a equipe com suas atitudes e comportamentos, o ambiente é melhor, pude perceber isso em várias empresas. Uma delas foi na Potiguar Honda, uma das melhores concessionárias de moto da marca no Brasil. A Potiguar fica em Natal, Rio Grande do Norte. A empresa tem 3 diretores jovens e que são exemplo de tudo que eles querem construir na empresa. Participam de todos os treinamentos junto com a equipe, contratam nutricionista para orientar a saúde da equipe através de uma alimentação mais saudável e têm um programa de incentivo à prática esportiva muito legal. Mas, uma das coisas que vejo ter mais efeito no forte orgulho que quem trabalha lá demonstra é por ter seus diretores tão próximos. Os três Diretores trabalham lado a lado com a sua equipe. João Neto, responsável pelo pós-venda (oficina, peças e acessórios), tem a sua mesa no meio da equipe em frente a recepção das motos. Lucianna, diretora comercial, fica a maior parte do seu tempo no salão de vendas ao lado da equipe de atendimento. E Leonardo, que cuida do financeiro, também está sempre ao lado de sua equipe do administrativo.

O impacto disso no negócio é fantástico; é claro que além de estarem juntos de sua equipe, os três têm uma energia muito boa que ajuda para que o ambiente seja estimulante e equilibrado. Conversei com muitos funcionários da Potiguar e é incrível como a grande maioria deles criou um vínculo emocional com o negócio; e isso gera mais comprometimento, mais produtividade e melhores resultados. Mais uma vez aí a presença da liderança fazendo toda a **d!f3r3nç4** para que a empresa esteja no movimento de C.U.R.A.®. Mesmo quem já saiu da empresa tem saudade e ótimas lembranças do tempo que trabalhou lá e de todo movimento que a empresa faz com sua equipe. Movimentos na direção do desenvolvimento pessoal e profissional de cada um. Tenho o maior orgulho de conhecê-los, sem falar em Seu Anchieta, pai dos três e um ser humano maravilhoso. Ele é quem continua **ins-pirando** essa pegada da C.U.R.A.® na Potiguar como conselheiro de Leonardo, João Neto e Lucianna.

O Líder na Contratação

Um dos momentos cruciais para a C.U.R.A.® Empresarial é colocar para dentro da empresa as pessoas certas e colocá-las no lugar certo. O Líder cuida para que esse processo aconteça da melhor forma possível. A contratação na filosofia da C.U.R.A.® é orientada principalmente por três pontos:

1. **Escolher pessoas que realmente queiram trabalhar na sua empresa e não que estejam apenas procurando um emprego.** Esse ponto é muito importante, pois faz toda a **d!f3r3nç4** quando uma empresa contrata uma pessoa que quer trabalhar lá porque admira a marca, gosta do produto ou serviço que ela oferece, já é Cliente e

fã ou ainda tem os mesmos valores da empresa. Pessoas que são **ins-piradas** pela visão do negócio e movidas pela mesma CAUSA.

2. **Colocar a empresa dentro da pessoa e só depois a pessoa dentro da empresa.** Por mais que a pessoa já seja fã da empresa, apaixonada pela sua visão e movida pela sua Causa, é preciso que ela conheça a história do negócio, sua Causa de uma forma mais detalhada, sua visão de uma maneira mais clara e que saiba muito sobre a Cultura do negócio. Quanto mais ela conhecer o negócio antes de fazer parte dele, mais claro vai ficar se aquele é lugar certo para ela de verdade. Muitas empresas passam muito rápido ou falam de qualquer jeito nessa parte, pois querem chegar logo ao treinamento técnico e mais rápido ainda colocar o profissional para trabalhar. Isso gera a contratação de pessoas que entram sem se apaixonar pelo negócio, sua história e cultura, tornando mais difícil o engajamento depois. Se essa primeira parte acontecer, de colocar a empresa de forma **ins-piradora**, emocionante e verdadeira na cabeça e no coração de cada pessoa, antes de ela começar a exercer suas funções, mais alinhado com a C.U.R.A.® esse profissional vai estar; assim, ele vai ser um agente muito forte no combate para que a empresa não se torne M.O.R.T.A.®. Depois, é deixar clara a Causa do cargo dele, o que se espera dele naquela função, acompanhar e desenvolver.

3. **Colocar a Causa na frente da técnica.** Valorizar mais a CAUSA da pessoa; se ela tem uma ou não, pode fazer uma enorme d!f3r3nç4. Uma pessoa com CAUSA nobre, ou seja, um porquê. Trabalhar na sua empresa vai exigir muito menos do Líder no aspecto motivação. Para mim, é muito melhor contratar alguém que seja necessário treinar muito do que contratar alguém que precise muito ser motivado. O cara com uma Causa nobre já tem os seus motivos, o que ele precisa é ser tratado com todo Respeito e aprender bem o que precisa fazer, o que se espera dele, os processos e ferramentas de trabalho e não ser desmotivado por um ambiente tóxico e desequilibrado.

4. **E.P.I. - Energia, Presença e Intenção.** Procurar, além da CAUSA, pessoa com **energia** boa. A C.U.R.A.® Empresarial precisa de boa energia, e positividade. É muito bom trabalhar em um ambiente com alto astral, concorda? E a energia tem muito a ver com isso. A energia de um ambiente de trabalho a gente sente. Tem muita gente tóxica que faz o ambiente ficar pesado e o trabalho ser ainda mais difícil. Outro ponto é a **Presença**. Presença é o que as pessoas veem quando você chega no ambiente. A sua postura, como você trata as pessoas, como você cuida de sua aparência. E o último ponto é a **Intenção**. O que as pessoas percebem quando você fala ou faz alguma coisa. Existe na pessoa uma Intenção ver-

dadeira de fazer o bem, de abraçar a C.U.R.A.®? O **E.P.I.** é visto e é sentido e precisa de principalmente convivência próxima para conseguir enxergar as verdadeiras intenções de alguém. Intenção talvez seja o ponto mais difícil de enxergarmos, porém a Energia e a Presença são possíveis de perceber mais facilmente. É importante direcionar os olhos para esses três pontos não só no momento da seleção, mas sempre, pois gente com ótimo E.P.I. faz muito bem para o negócio.

5. **Deixar as pessoas serem elas mesmas e deixá-las trabalhar.** Esse é um outro aspecto fundamental para a C.U.R.A.®. Ao contratar alguém, algumas empresas falham ao querer moldá-las em aspectos muito sensíveis como cárater e valores. O cara que vai trabalhar melhor e mais feliz é aquele que consegue ser ele mesmo no trabalho. É incrível como muita gente gasta tanta energia para tentar ser o que não é, para agradar outras pessoas. Isso faz um grande mal para a pessoa. É muito importante também evitar o microgerenciamento e deixar as pessoas trabalharem. Tem uma frase do Steve Jobs que gosto muito: "Não faz sentido contratarmos pessoas inteligentes e dizer a elas o que elas tem que fazer". Devemos contratar pessoas inteligentes e pedir a elas que nos digam o que temos que fazer. Além de deixá-las tra-

balhar, o Líder pede ajuda a sua equipe, se aconselha, ouve e colabora.

O Líder é um ativador

O Líder é o ativador da C.U.R.A.® e ao mesmo tempo o seu maior zelador. Ele faz isso dando exemplos do que precisa ser feito por cada um para que a C.U.R.A.® se instale de uma forma a ajudar todos a serem mais felizes e produtivos no trabalho. O Líder é patrocinador e ativista. Tem a C.U.R.A.® na sua agenda estratégica e por isso mesmo dedica tempo, energia e dinheiro (quando necessário) para evitar que a empresa se torne M.O.R.T.A.®. Faz isso não motivando, mas ensinando e aprendendo com a sua equipe coisas que ajudem a melhorar o ambiente de trabalho, a produtividade e os resultados de cada um e do negócio. É muito exigente, mas sempre é muito justo e respeitoso; age para integrar sua equipe, diminuindo a distância entre as pessoas, **inspirando**, **res-pirando** e **trans-pirando** o respeito como base do ambiente de negócios e do seu negócio.

PESSOAS
QUE SE SENTEM
TRAÍDAS
OU QUE NÃO
SÃO RECONHECIDAS
NO TRABALHO
(DOR SOCIAL),
EXPERIMENTAM
UM IMPULSO NEURAL
TÃO PODEROSO
E **DOLOROSO**
QUANTO UMA PANCADA
NA CABEÇA
(DOR FÍSICA)
[DAVID ROCK]

"Ser grande é abraçar uma grande causa"
[William Shakespeare]

A Causa

Para falar sobre algo tão importante para as pessoas e empresas, mais uma vez vou recorrer a trechos que escrevi no livro *MovimentAÇÃO*.

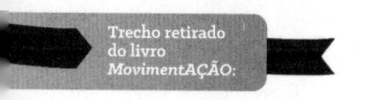

Trecho retirado do livro MovimentAÇÃO:

Qual é um dos maiores problemas que afeta a grande maioria das empresas? Falta de compromisso coletivo. A consequência? Mais energia para conseguir o mesmo resultado, dificuldades em evoluir, mais retrabalho, insatisfação dos Clientes etc.

E o que faz com que uma pessoa não se comprometa no trabalho? Para mim, sem dúvida alguma, é a falta de uma causa.

O que move as pessoas nas empresas não é a missão da empresa. Mas, há diferença? Com certeza. De forma bem simples e direta, missão é o que a empresa quer que todos na empresa façam. Já a Causa é aquilo que cada um na empresa resolveu abraçar e fazer por acreditar que vai ser bom para ele e para todos.

A causa é o porquê de estarem ali no trabalho. A causa é o motivo pelo qual vale a pena levantar todos os dias para ir trabalhar, mesmo quando não se está a fim de ir. A causa é a razão pela qual cada um vai fazer, bem feito, o que precisa ser feito, todos os dias na empresa; e não é um fazer de qualquer jeito. Gente com causa se compromete coletivamente e trabalha mais feliz. Só uma causa forte tem a força pra fazer com que isso aconteça.

Um dos maiores desafios dos líderes empresariais nessa nova era é construir, em suas empresas, causas que as equipes queiram abraçar. E mais do que isso, ajudar esses profissionais a encontrarem as suas causas, os seus motivos, os seus porquês.

Empresas com causas fortes têm mais do que funcionários, têm uma comunidade de profissionais que trabalham juntos pela causa. E essa energia é incrivelmente poderosa para as organizações e para cada um dos seus colaboradores.

Profissionais com uma Causa forte têm um despertador natural que os faz acordar para fazer o que se espera dele, todos os dias. Foi isso que ouvi da Cliente e querida amiga Lucianna.

> *"Eu não preciso de despertador para me acordar todos os dias, a minha causa me levanta e me dá a energia necessária para que todos os dias eu faça, feliz, o que preciso fazer para conseguir realizar meus sonhos"*
> Lucianna Araújo (diretora da Potiguar Honda, concessionária da Honda motos)

Causas fortes funcionam como ativadores e energizadores. Para fazer mais e melhor, só com uma causa forte, concorda?

Quem encontra a sua Causa e se concentra nela:
- Tem mais energia;
- Tem um desejo mais intenso de aprender e evoluir;
- Decide com mais facilidade;
- Fica mais motivado para sair da inércia e se manter em movimento;
- Gosta mais do trabalho;
- Turbina a sua força de vontade.

Que tal dar uma paradinha agora para refletir sobre duas perguntas muito importantes e que influenciam e muito nos resultados que você e sua marca conseguem? Mais do que isso, influenciam o que você faz e como você faz as coisas.

1. Qual é a causa da sua empresa? E do seu setor?

2. Qual a sua causa?

A causa não te garante o sucesso, mas te dá motivos e energia para dar tudo de si sempre, e isso sem dúvida faz toda a diferença na carreira profissional e nos resultados da empresa.

O importante é não deixar nunca de ter uma causa nobre e forte. Em uma empresa é o que vai fazer todos trabalharem juntos para tornar realidade aquele sonho da marca. Na vida pessoal é o vai dar à pessoa a energia necessária para ser melhor como pessoa e como profissional, todos os dias. Você até pode não chegar lá, mas vai, com certeza, estar melhor do que estaria sem uma causa, pois a causa vai garantir que você vai estar sempre em movimento.

Para definir a causa do seu negócio, escreva que diferença você quer fazer na vida das pessoas (clientes, equipe etc.) e/ou no mundo. É claro que isso tem que ter um grande significado para você. Não é a causa pela causa, mas sim a causa sendo algo com uma força enorme para te mover todos os dias para realizá-la. Depois de escrever a causa, encontre uma maneira de tê-la sempre na cabeça e no coração (construa mantras por exemplo que podem e devem ser repetidos todos os dias).

A causa da The container Store (rede varejista americana) é ajudar pessoas a se organizarem melhor para que possam ser mais felizes. A REI, marca de produtos para prática de esportes ao ar livre tem como causa reconectar as pessoas com a natureza. A empresa aérea americana Southwest Airlines (a única empresa aérea americana a não entrar no vermelho, mesmo depois do 11 de setembro) tem como causa democratizar o céu, ou seja, fazer com que viagens de avião sejam acessíveis para todos.

Na rede de supermercados Wholefoods Market, a causa é ajudar pessoas a se alimentarem bem, melhorando a sua qualidade de vida. E no caso do Wholefoods eles agem para realizar essa causa de várias maneiras: vendendo produtos saudáveis, oferecendo aulas para os Clientes de como preparar uma comida saudável, fornecendo descontos de até 30% para os seus funcionários para que possam comprar os produtos saudáveis da loja. Eles têm até um programa de incentivo à saúde que é bem legal. Foram definidos três indicadores de uma boa saúde: Índice de massa corpórea, colesterol e pressão sanguínea. O programa é voluntário, ou seja, participa quem quiser, porém quem participar e se mantiver dentro do padrão definido como saudável para a sua idade e tamanho, ganha até 30% de desconto nos produtos da loja. Normalmente o funcionário da rede tem 20% de desconto. Sem dúvida é um jeito bem interessante de estimular a alimentação saudável também para seus colaboradores.

É também um meio para realizar a causa da empresa de ensinar e ajudar as pessoas a terem uma alimentação melhor e uma vida mais saudável e com mais qualidade.

■

A causa na C.U.R.A.®

A C.U.R.A.® precisa ser uma das Causas abraçadas não só pelos Líderes dos negócios, mas por todos que trabalham nele. Do chefe ao colaborador, do investidor ao fornecedor. Todos com a Causa de tornar o ambiente de negócios mais humano e com resultados sustentáveis para todos. Cada um assumindo a sua responsabilidade na Cultura Única de Respeito e Aprendizado.

COLOQUE
SEU **CORAÇÃO**
NO NEGÓCIO
E TENHA SEU
NEGÓCIO
NO CORAÇÃO.
[THOMAS WATSON]

"Fazer o bem é melhor do que falar sobre o bem"
[Benjamin Franklin]

E Agora?

Obrigado por me acompanhar até aqui. Como falei, com esse livro pretendo abrir um diálogo sobre assuntos que são importantes para as pessoas e os negócios, mas que nem sempre têm o destaque que merecem. Não vejo um futuro saudável para as empresas que não cuidarem das pessoas, e cuidar das pessoas é cuidar do ambiente onde elas trabalham e também onde vivem. Os Clientes, cada vez mais exigentes, passarão a procurar fazer negócio com marcas que estejam verdadeiramente interessadas no bem, que tenham boa energia, boa presença e ótimas intenções. A tecnologia ajuda a abrir as cortinas e tirar as máscaras de quem não é verdadeiro, por isso mesmo o esforço na direção da C.U.R.A.®, seja por caráter ou por estratégia, me parece uma direção necessária para quem quer ter negócios de futuro e com futuro.

Empresas que cuidam de sua Gente com todo respeito e carinho **ins-piram** e dão significado para essa Gente cuidar do negócio e ajudar a criar ótima reputação e excelentes resultados para a empresa.

É fundamental medir e acompanhar a toxicidade da empresa para que as pessoas sintam mais prazer em ir trabalhar e quando chegarem no trabalho gostem de estar ali e queiram estar ali. O Respeito é a base de tudo isso e é o que vai permitir que as relações entre as pessoas na empresa sejam verdadeiras e cheias de boas intenções. Assim, as pessoas trabalharão mais próximas, sendo muito mais continente do que ilhas isoladas em seus departamentos e setores.

Ambientes menos tóxicos são mais produtivos e criativos porque as pessoas são mais felizes na maior parte do tempo que estão lá. Isso tem muito a ver com as pessoas que na empresa trabalham, começando pelo tipo de líder e passando por cada funcionário. Ansiedade e estresse devem ser levados a sério, porque, embora façam parte do trabalho, não é saudável viver todos os dias no trabalho com estresse e ansiedade ocasionados muitas vezes por um clima de medo, intimidação ou ainda incertezas.

Não há empresas perfeitas, mas há empresas que respeitam mais seus funcionários, fornecedores e Clientes. Essas levarão muita vantagem no futuro.

A jornada nas trilhas da C.U.R.A.® não é nada fácil. Muita coisa é subjetiva e não tangível a curto prazo. Numa Cultura onde tudo vira um KPI e que quer transformar cada detalhe em métrica, a Cultura Única de Respeito e Aprendizado algumas vezes pode parecer mais romantismo do que qualquer outra coisa. Mas, como falei aqui, a C.U.R.A.® traz resultado sim! Mas vai exigir muita energia, persistência, disciplina e dedicação para cuidar como nunca das pessoas e do ambiente da sua empresa e dos negócios. Mas quem disse que seria fácil? Apenas querer não garante nada; é importante se movimentar na direção certa, na velocidade precisa e ter muita disciplina para não deixar de lado o que é importante para a C.U.R.A.®.

Percebo muita fadiga nos funcionários e nos donos de negócio. Essa fadiga é muito mais mental do que física. Não é fácil trabalhar todos os dias em ambientes tão hostis. O caminho da C.U.R.A.® é o caminho da evolução. Para o negócio evoluir, todos nele precisam evoluir, começando pela liderança.

A C.U.R.A.® é uma grande forma de **ins-pirar** pessoas a serem do bem e a fazerem o bem. Gente do bem que abre negócios, gera emprego, oferece oportunidade de uma vida mais digna através do trabalho e do desenvolvimento pessoal e profissional que o aprendizado na empresa pode gerar. Abrir uma empresa e ter a C.U.R.A.®

empresarial como filosofia no seu negócio é ação social total. Gerar trabalho digno, melhorar a vida das pessoas, dar segurança no trabalho e possibilidades reais de ter sonhos realizados.

Como a forma de fazer negócio e ganhar dinheiro mudou, ou a C.U.R.A.® estará na agenda estratégica das empresas porque elas são Gente ou porque são inteligente.

O ambiente de negócios já é por natureza um ambiente muito hostil, tóxico e, em muitos casos, excessivamente ácido. Por isso que cuidar das pessoas é cada vez mais importante. Claro que a empresa precisa bater meta, diminuir custos, vender mais etc. Porém, se tudo isso não for bem conduzido no dia a dia, só vai haver muito estresse e frustrações, o que não vai ajudar em nada no alcance das metas e resultados. Resumindo, já que tudo isso é inerente ao mundo dos negócios, vai vencer quem agir e conseguir pelo menos diminuir o impacto dessa acidez excessiva e toxicidade do meio empresarial.

O mesmo vale para cada colaborador da empresa. É preciso assumir a sua responsabilidade na construção da C.U.R.A.® no seu trabalho para ser possível amar seu trabalho sem mudar de empresa. Se você precisa ir todos os dias para o trabalho, por que não tornar esse trabalho um lugar melhor? Comece tratando cada colega no trabalho com muito Respeito e do jeito que cada um gosta de ser tratado. Encontre a sua Causa pessoal, conecte com a sua causa profisssional. Isso vai dar significado ao que você faz no trabalho. Dar significado ao que você faz no trabalho muda a forma como você enxerga o trabalho e isso pode ajudar e muito a aumentar a suas chances de ser mais feliz e produtivo na empresa.

E agora?

Agora estamos juntos e juntos vamos em frente contribuindo para um ambiente de negócios mais humano e com resultados sustentáveis para todos!

Viva a vida, viva as pessoas, viva o empreendedorismo, viva o trabalho, viva o equilibro, viva o Respeito!

NÃO TENHA
COMO FOCO
SER OCUPADO
E SIM, SER
PRODUTIVO.
[TIM FERRIS]

"Uma das coisas que as empresas deveriam fazer de melhor, é proteger o tempo e a atenção da sua equipe."
[Jason Fried]

Ins-pirações

Pessoas

Fabiana Gondim, Sérgio Cavalcante, Martha Gabriel, Edmour Saiani, Cassia Zanini, João Kepler, Fernando Gameleira, Camila Farani, Caio Camargo, Fabio Seixas, Fred Rocha, Clarissa KKI, Kleber Nóbrega, Ruy Júnior, Francisco Iroshima, Ricardo Amorim, Andrezza Torres, Jim Cunnigham, Chip Conley, Jason Fried, James Oliver, John Maeda, Tony Hsieh, Sherry Turkle, Simon Sinek, Ryan Carson, Arianna Huffington, Sugata Mitra, Dan Pink, Bruce Sprignsteen, Neil Blumenthal e Barack Obama.

Livros

The Respect Effect - Paul Meshanko
The Uncontainable - Kip Tindell
The Optimistic workplace - Shawn Murphy

Let my people go surfing - Yvon Chouinard
Drive - Daniel Pink
Getting real - Jason Fried
O fator gente boa - Tim Sanders
O amor é a melhor estratégia - Tim Sanders
Capitalismo consciente - John Mackey e Raj Sisodia
Líderes se servem por último - Simon Sinek
Por quê? - Simon Sinek
Anticâncer - David Servan-Schreiber
The sleep revolution - Arianna Huffington
Barriga de trigo - William Davis
Reclaiming conversation - Sherry Turkle
Modern mentoring - Randy Emelo
Comunicação não-violenta - Marshall B. Rosenberg

Música

Plutão já foi planeta, Banda Dessineé, Alamoana, Seu ninguém, Biquíni Cavadão, Nação Zumbi, Banda Catedral, Victor & Léo, Bruna Viola, Samuel Rosa e Lô Borges, Zeca Baleiro, Roberto Carlos, Zé Ramalho, 14 Bis e Nando Reis, Dream Theatre, Rush, I.Q., Mammút, Rokkurró, Seabear, The Soundtracks of our lives, ZAZ, Russian Red, Jason Mraz, U2, Keane, Volbeat, The Darkness, Stryper, Disclosure, Kraftwerk, Elvis Presley, Zac Brown Band, The BossHoss, The Smiths, Dread Zeppelin, Little Roy, Descendents, Patti Smith, P!nk, Scars on 45, Gossip, Pink

Floyd, Michael Bublé, Silversun Pickups, The baseballs, Midnight Oil e Scorpions.

Filmes e séries

Mesmo se nada der certo, About time, Mr. Selfdriges, Mogli, Chef, Bagda Cafe, Arremesso de ouro, Ao mestre com carinho, Amor sem escalas, Walt antes do Mickey, O fabuloso destino de Amelie Poulain, Divertidamente, A princesa prometida, Quero matar meu chefe, Walt nos bastidores de Mary Poppins e Cartas para Julieta.

OS CLIENTES JAMAIS AMARÃO UMA EMPRESA QUE NÃO SEJA **AMADA** POR SUA PRÓPRIA EQUIPE.

[ANÔNIMO]

Este livro foi composto em tipologia
Klinic Slab Book 12,5 / 19, desenvolvida
por Joe Prince e impresso em papel
pólen 90g/m² na Unigráfica,
Natal/RN, em outubro de 2016
para a Editora Jovens Escribas.